5 Lügen, die Liebe betreffend

情與慾

米歇爾・馬利著　黃欣儀 譯

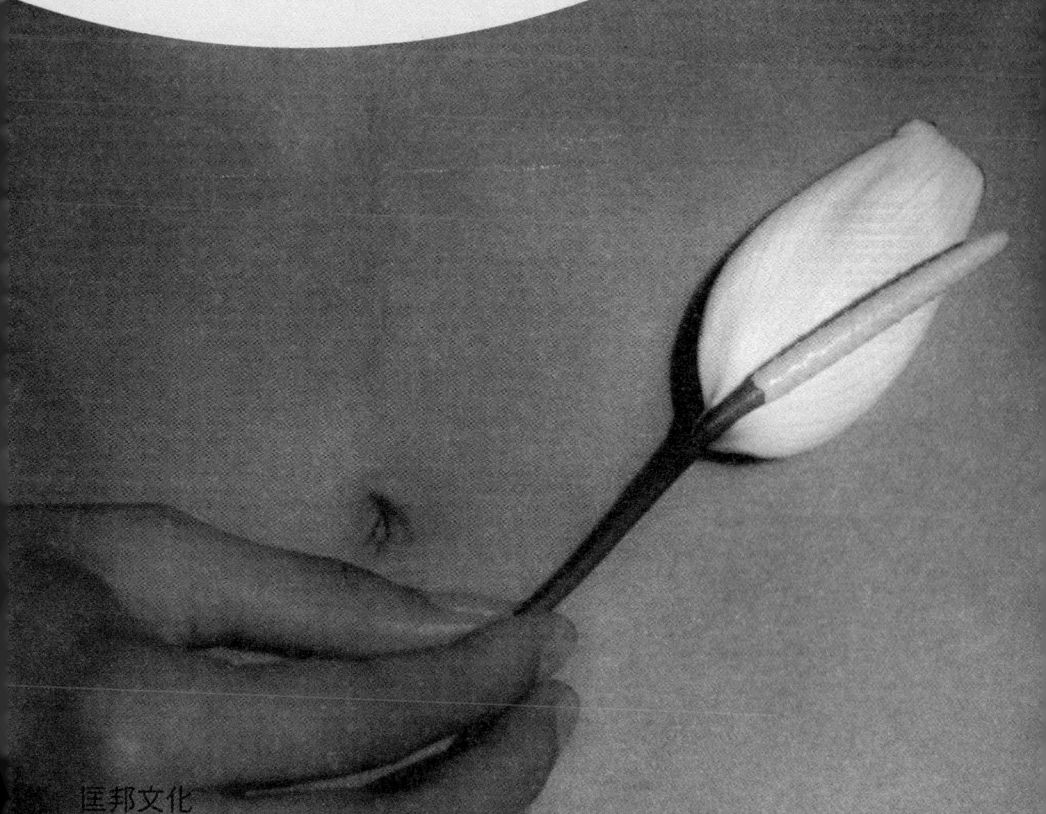

匡邦文化

【推薦序】情慾，非不能承受

我們一直很期待性愛合一的關係，及至死不渝的承諾，這樣的憧憬和理想從來沒有幻滅過，極盡人一生所有的能量追尋，和教育在教導。因害怕自己情慾的變動、不確定，我們定制度、合約來框架和遵守，奈何這些框架、制度在某些時刻、情境被我們打翻了，漸漸地了解和接受這些流動是存在的，於是用各種不同的方法來因應這個改變，諸如離婚的結束關係，以交換不同的伴侶來維持關係。

將愛留在家裡，偶而或時常將性外移的嫖妓或在婚姻外再造一個性愛的情人來平衡關係。不論用何種方式，如果我們的思想、觀念沒有釐清，一味地相信某些信條、守則，不但未能解決問題，可能更製造了我們的衝突與焦慮。

這本書有趣的地方，要讀者拋開所謂的專家學者的言論與指導，因爲有時專家學者自己也陷入這矩陣中，混亂一團，他無法說服眾人這套說詞和理論是唯一的指導原則。因此書中將大多數人常有的錯誤想法和不必要的執著，引經據典地說明人類情慾的源頭和發展，並清楚說明人的限制——終身伴侶和性伴侶的合一是個困難，當無法同時得兼時，只有一項的存在是被允許和視爲正常的觀念，非常符合中國人的順其自然之觀念。

因此不斷重新點燃愛情火花的必需性，將是一個不能承受的重。習慣性與平淡，並不代表關係的破滅，而會是另一種自在與親密關係的相處模式。整本書都會幫助人們卸下不必要的理想，告訴著做你我能力範圍內的事即可。

我非常喜歡這樣的感覺和行事風格，每對伴侶透過協商找到最適合自己的形式與規則，然後以協商的結論爲準，共同解決問題。換句話說，這是兩個人自己定合約的時代，它不再由國家、社會來擬定。

讀這本書最棒的地方是沒有唯一守則及教條，相信自己可以做自己的專家和老師，好的關係是兩個人共同決定的關係，不須介入其他的手法的理論及數據。所以可以說它是一本讓人們找回自信的好書。

樹德科技大學人類性學研究所
所長林燕卿寫於高雄
二〇〇三年四月一日

【作者序】坦然面對情與慾

在現代的兩性關係中，伴侶常常生活在不安、疑惑和罪惡感中。大部分的人對於「性」的期望太高，所以往往會被壓得喘不過氣來。

這種情況主要是由於兩性關係的理想和現實差距太大，還有雙方對彼此的要求太多，再加上所謂的「兩性專家」在一旁推波助瀾，更加深了理想和現實間的鴻溝。

無論人們再怎麼努力，這些理想卻總是那麼的遙不可及。一定要有愛情和美滿的性生活才算是理想的關係，其實這一切只是似是而非的謊言，我把這些謊言稱爲「愛情的五種謊言」。

有時候，那些專家的說辭，卻又多少有些道理，只是把它們一概而論的話，就變成了一種謊言。如果我們執著於這個理想，那心中不免會產生疑惑，甚至罪惡感。

在人們心中有所疑惑和罪惡感的同時，「專家」就趁虛而入，他們大肆宣揚鼓吹現代的理想關係。我在書中將會證明，這些專家宣稱能夠解決的問題，其實是他們自己所造成的。

伴侶們如果能認清這些愛情的謊言，對兩性關係都是有所助益的，而且雙方也能坦然接受彼此。

米歇爾・馬利

二〇〇一年一月

導論

情慾的驅力與控制

性慾及性的滿足，是意志的焦點，
和意志的最高表現。

叔本華

本書除蒐錄了學術研究的成果外，還有我擔任婚姻諮詢多年來，與為數眾多的情侶和專家的對話和訪談，以及多年實務經驗中個人的觀察，另外，我還探討了媒體在這個主題上所扮演的角色。在此先簡單敘述一下我個人的心得。

在從事諮詢工作時，我非常驚訝地發現，兩性之間普遍存在下列三種情形：

一、「性」是兩性和諧與否的關鍵。
二、在公眾場合或另一半在場時，人們通常無法說出對「性」眞正的看法。
三、「性」常被當成禁忌話題，因此，人們內心經常深受罪惡感和自我懷疑所折磨。

由於大部份的人都不好意思談論這個話題，所以他們寧願個別諮詢，也有些人願意接受共同諮詢，幾天之後，再進行個別對話，這時我發現前後兩次訪談的結果有著天壤之別，例如，三人一起討論時，認為性生活「美滿」或「相當滿意」的人，在第二次個別談話中對性卻有截然不同的評價，男方認為性生活一成不變，越來越索然無趣；而女方坦承，如果可以的話，只想儘早「交差了事」。

由此可見，在性方面，伴侶常常互相欺騙（或自我欺騙），這可能是因爲羞於承認，或是害怕傷害彼此，而導致分手。

在仔細研讀相關學術資料後，結果也令人相當意外。在幾十本有關兩性關係和性的心理學書籍中，我幾乎沒有找到兩性關係和性發展過程的資料，更發現人們被過度美化的理想關係誤導，甚至被不實的資訊和刻意揑造的謊言所矇騙。此外，我也發現一些在婚姻諮詢時完全派不上用場的學術理論，因爲這些理論根本不符合一般人的觀念。

我將利用本書幾個章節，說明我對這些學術研究的心得，並介紹相關的歷史，讓讀者能更進一步了解性在兩性關係中扮演的角色。

專家造成另一種假象

我也訪問了一些專家，特別是心理醫師，我簡直不敢相信，很多專家的治療理念都太過理想化且不切實際，其中不少人非常自以爲是又太拘泥於理論，比方說，他們認爲，人們應該都是自由、成熟又坦誠的，正因爲具備這些特質，所以沒有外遇的理由。只要擺脫世俗觀念的制約，伴侶關係自然能夠幸福美滿。

儘管在現實社會中，甚至是從這些專家身上，都找不到這樣的例子；因爲，能夠對伴侶百分之百坦誠的人，以及完全不受社會制約的人，根本就不存在；再說，內心自由和性忠實根本沒有絕對的因果關係，但是專家還是堅持他們的觀點都有科學依據，而且一定行得通。

所以專家發展出一種假象，好像所有的人都能實現他們的理想。但事實上，專家反而更拉遠了理想和現實之間的差距，人們於是覺得自己是個失敗者，而承受更大的痛苦。

爲了推銷他們矛盾的觀點，很多心理醫生變得和神學家、神父一樣，神職人員雖然不接受浪漫的愛情，可是卻要人們相信，伴侶雙方是「一體」的，就像是一種對上帝神聖的愛。書中我們也會探討這些神學家的論點。

媒體的負面影響

媒體爲了增加銷售量，把兩性關係和性關係商業化，這情況令人感慨，記者爲了報導最新的消息，必須承受很大的壓力，因此他們對事情的眞相不是很感興趣，反倒寧願去報導一些高收視率的八卦、譁眾取寵的流行趨勢，或是所謂專家的意見。

兩性關係和性關係在媒體的炒作下，普遍形成一種新的意識形態，但卻不符合多數人的需求和實際情況，反而是弊多利少。

經過這些年來的研究，我相信，只要能釐清「性」與「愛」的錯誤觀念，兩性關係就能趨於和諧，並長久維持下去。

性、愛情和伴侶關係是大家非常關心，也非常感興趣的主題。我希望藉由這本書和所有的讀者一起分享，在婚姻諮詢過程中，我和諮詢對象所體會的心情起伏，從中得到的啓示和認知，以及如釋重負的愉悅。

現代的伴侶關係

首先，我必須在此聲明，我衷心希望所有伴侶都能享有美好的性生活，而且是在他們交往的整個過程裡。

其次，我要恭喜那些交往多年還能擁有美滿且充滿生活情趣的伴侶，事實上也眞的有這種幸運的伴侶。

最後，我還希望能夠遇見那種神仙美眷，在共同生活的幾十年期間，不只擁有像「第一次」一樣美好的性生活，而且「一次比一次」更美好，「一年比一年」更頻繁。

你們是不是和我一樣懷疑，世上眞的有這樣的伴侶嗎？或者，你們覺得這只是過份美化的理想罷了！如果你們眞相信專家的話，那麼，這不就是你們拚命努力想要實現的願望嗎？

有人說，如果我們能夠解開兩性關係的秘密，愛情就可以臻於圓滿、永恆。這是一個記者的說詞，他不久前寫過一篇報導「天長地久的秘密」，我摘錄了其中一段，他列舉了現代伴侶必須達到的標準。他所謂的「天長地久的秘密」到底是什麼呢？

「美國的心理學家亞當・傑克森（Adam Jackson）確信，溫柔體貼非常重要，伴侶雙方必須相互尊重，無條件的奉獻，唯有如此愛情才能天長地久；以感動和溫柔來表達愛意，彼此必須坦誠相對，才能維繫兩人的關係；伴侶必須給對方個人的空間，但仍要保持忠貞；激情能夠重新點燃愛的火花，百分之百的信任是愛情的磐石。」註一

這段話乍看之下是多麼的美好，簡單明瞭，我們會興奮地大叫「沒錯，就是這樣，這正是我們所需要的！」有誰能夠反駁呢？

但是仔細一想，這段話根本就不合理，下列的矛盾又要如何解釋：作者提出很多要求，首先是無條件的奉獻，然後是尊重、溫柔、坦誠、忠貞和激情，這種種的要求不正是和他所謂「無條件」的奉獻自相矛盾嗎？

還有，作者把最極端的兩個觀念湊在一起，比如說，彼此要忠貞，同時也需要激情來點燃愛情的火花。請問到底該如何做到呢？作者並沒有明確交代。其實，在現實生活中，伴侶最難做到的，正是同時保有忠貞和激情。

作者說，激情能夠重新點燃愛的火花，他指的是哪種愛情？是伴侶之間的愛，肉體上的愛，還是浪漫的愛？難道他認為這些愛其實都一樣？

作者提到，彼此必須坦誠相對，才能維繫兩人的關係。那麼，不管任何事都要坦誠相告嗎？如果向伴侶坦承，自己有不忠的行為，這真的不會影響兩人的關係嗎？不會破壞彼此之間的信任？也不會影響兩人之間「堅貞的愛情」？

基本上，「愛情如何維持天長地久」？作者的答案就是「天長地久的相愛」。這就是全部的秘密。

大家可能不贊同這種模糊不清又充滿矛盾的說詞，但是他卻道出了一般大眾對兩性關係的期望，現代的情侶必須要付出所有：愛情、尊重、激情、忠貞、自由、信任、友誼、親密關係和萬種柔情。

這就是現代的兩性關係，大家總是苛求伴侶，要達到種種不切實際的要求。

現實的兩性關係

每對情侶可能都會試圖去實現前文中所提到的理想，在兩性關係中，有些理想可能很容易實現，然而，一旦觸及仍未實現的部份時，問題就慢慢浮上檯面了。

於是他們便陷入了理想與現實衝突的兩難中，無法自拔，即使是專家的建議和輔導都無濟於事。

如果人們能接受激情會在長期的關係中逐漸消失的事實，那麼，伴侶雙方或許還能自我調適。如果有一方對於激情的消逝感到自疚或不滿，那眞正的苦難就開始了。若是專家們再強調，慾望在長遠關係中並不一定會消退，兩性關係的困境無疑是雪上加霜。

許多人可能會尋找其他管道發洩慾望，但卻可能遭人指責儒弱、不忠、背叛、淫亂、不成熟、心理不正常甚至病態，需要接受心理治療，更糟糕的是，最後連他們自己也這麼認爲。

大部分的人在面對這種情況時，都感到無能爲力。

不論是自我要求或專家的建議，只要這類自相矛盾的理想無法實現，他們會懷疑：「我們之間到底怎麼了？」或「我們到底做錯了什麼？」他們認爲自己是失敗者，於是有了罪惡感，同時也開始厭惡另一半。他們試圖找出自己或是對方改變的原因，但卻從未想過：「對於伴侶的理想是不是哪裡出了問題？」或「專家的建議正不正確？」

因爲大多數人對於伴侶關係始終抱持著很高的期許，所以很少人去討論這方面的問題，畢竟還是有幾對情侶能在朋友圈中營造出完美的形象。此外，媒體也天天歌頌童話般的愛情故事，但是這些佳偶經過數月或數年的爭吵，終以離婚收場的報導，卻刻意被淡化處理。

病態的浪漫化與性愛化

情侶們的通病，就是將錯誤的觀念照單全收，以下的說法就是一個典型的例子：

「美好的性生活是美滿關係的基礎，幸福的情侶都有滿足的性愛。」註二

反過來說即是：「沒有滿足的性愛，關係就不美滿。」這句話就隱藏著謊言。

愛情謊言在「伴侶關係」與「性關係」、「愛情」與「激情」、「束縛」與「慾望」之間，架構了一種看似自然又理所當然的關聯性。愛情謊言將早已被推翻的理論奉爲圭臬，其中摻雜了事實、觀念、幻想、願望、假象以及公開的謊言，而幾乎所有人都深陷其中而不自知。

愛情謊言或性謊言主要是來自兩性關係的浪漫化、性愛化與病態化。這些謊言，早已深植在兩性關係的觀念中，因此所有的情侶皆爲此所苦，因爲他們一再努力想成爲童話故事中永遠浪漫的情侶，但卻都徒勞無功。

早在兩千多年前，人們便費盡心思要維持長久固定的性愛和伴侶關係。不僅是白費氣力，反而造成反效果——伴侶關係不但沒有加強，反而提早結束。伴侶關係的浪漫化和性愛化，導致其中的價值越來越不受重視，因爲，人們在乎的僅是激情的性愛，那麼激情不再的固定關係也就失去了存在價值。那些愛情謊言的信徒，不再滿足固定的婚姻和伴侶關係，他們只能轉而求助於愛情專家，而專家們卻仍然不厭其煩地繼續宣揚：這些理想是可以實現的。

愛情謊言的始作俑者

我在書中常以嘲諷的語氣稱呼「專家」，指的並不是所有的心理學家、治療師、神學家、政治家或學者。我所謂的「專家」是指兩性關係的衛道人士，他們建立了一套普遍的道德觀，進行所謂的學術研究，再提供大眾建議、諮詢或療程，說穿了只是利用這些方式推銷他們食古不化的意識形態。

這些專家的傑作——伴侶關係和性關係的理想，其實不是新的發明，而是一種文化的產物，所以我們最好從歷史的角度觀察，會有以下這些令人意外的發現：

一、從古至今，政治、宗教和社會創造了一種伴侶關係的典範，但從來沒有人能達到這個標準。

二、兩千多年來，無論男女，都深受伴侶關係和性關係的矛盾所折磨。

三、愛情在不同的時代中，有著截然不同的定義。

四、中世紀時，只有在教堂或國家的准許下才能夠結婚，而且通常只有富人才會獲准。

五、伴侶之間的激情會被人嘲笑。

六、兩百年前，人們才開始有浪漫的愛情觀。

此外，歷史更證明了，衛道人士自己也不能實現這些理想，古今皆然。

政治人物一向標榜完美無瑕的道德和品行，但柯林頓並不是第一個有這方面瑕疵的政治人物，難道法蘭茲．約瑟夫．史特勞斯（Franz Josef Strauss）（譯註：曾任德國巴伐利亞邦總理和基社黨主席）被妓女偷了公事包，也是偶然嗎？在大型的政治和學術性會議中，處處可見鶯鶯燕燕穿梭其中，這也是巧合嗎？為什麼飯店的付費色情頻道總是專門提供給經理級的顧客看呢？

神職人員的訓誡是忠貞、安貧和禁慾。中世紀的主教和權貴卻過著縱慾糜爛的生活，這難道都是杜撰出來的嗎？那些嬰屍難道只是湊巧被埋在修道院的墓園中嗎？教會是不是已經從慈善機構變成了私生子的大本營了呢？而同性戀的神父和修女，果眞是撒旦的使者嗎？

最後還有心理學家，他們提供人們諮詢和解決之道，自己卻沒有辦法維持恩愛而長久的關係，其中有很多人甚至離過很多次婚。連他們自己的伴侶關係都有問題，難道這些都只是巧合而已？他們到底做錯了什麼？是他們躺在治療椅上的時間不夠，所以還沒擺脫父母的陰影？或是兩、三百次的療程確實是太少了？還是這些專家的性技巧不對，所以找不到G點？他們何不花點時間研究一下，再給自己一些建議？這些矛盾在在顯示，所謂的學者專家，其實和一般人沒什麼兩樣，卻還是大言不慚地繼續宣揚他們的理念，甚至還得到媒體的大力支持。

我們的媒體也很樂於替這些專家大作宣傳文章，像報章雜誌為了提高銷售量，就特別偏愛一些譁眾取寵的題材，例如前面摘錄的文章「天長地久的秘密」之類的，而且有時還很樂意提供讀者一點建議。我幾年前就有這樣的經驗，有個記者打電話給我：

「馬利先生幫幫我，我要寫一篇報導，是關於相處多年後還能擁有美好性生活的伴侶，我已經找了幾個星期了，但是還是沒找著。可不可以幫我介紹你諮詢的對象，讓我採訪一下？」

「這我可幫不上忙，如果你找到這樣的人，麻煩你告訴我一聲，我老早就想認識了。」

兩個月後，我看到他寫的幾頁報導刊登在一本知名的婦女雜誌上，他訪問的夫妻當然擁有美好激情的性生活，而且他們二十年的婚姻生活中，當然也沒有任何問題；要維持幸福的婚姻，每對夫妻當然也有自己的秘訣，反正他們就是做「對」了。他們到底做對了什麼呢？這我們就無從得知了。無論如何，我們從文章中歸納出的結論就是——不能維持婚姻美滿的人，就是做「錯」了！

我又從這例子看到了另一種愛情謊言。媒體正利用了人們追求美好的兩性關係心態，於是結合了心理學、政治和教會方面的專家，四處散播愛情的謊言。

專家背後的利益

當然，那些專家不可能是大公無私的，他們背後代表著不同的利益團體，例如政黨、學派或教派，在現代社會中，特別是心理治療機構和商業掛帥的媒體。

他們運用從教會學來的伎倆「先挑撥離間再統治」，這眞是一個簡單又有效的原理。他們先從個人下手，破壞他內在的和諧，也就是要求他達到根本不可能實現的理想。製造他理智與情感、理想與現實之間的衝突。如果他開始懷疑自己，以爲自己就是教會眼中的罪人，或是心理學家眼中的失敗者，這時他們就適時伸出援手，以上帝的慈悲或心理學家的專業療程來拯救他。

專家們因此順理成章地成爲現代人心靈的救贖。雖然現代社會的離婚率日漸升高，再加上兩性在經濟和法律上的平等，使婚姻關係越來越難維持，但是專家卻還不斷的宣揚眞愛和完美的兩性關係。他們一再保證「如果你都做對的話，一切都可以實現」。反之，「如果不能實現的話，那必定是你做錯了什麼」。

專家宣稱透過婚姻諮詢、溝通技巧訓練或家庭治療，可以幫助人們實現理想的兩性關係。其實這只是他們爲了個人的經濟利益所慣用的伎倆。

不過，專家能夠大行其道，其實人們也要負大部分的責任。因爲大家都在幫著他們宣揚愛情的謊言，例如，很多人就喜歡在朋友面前假裝是對神仙佳偶，還幫忙散播專家的理念，專家就是利用這一點，趁虛而入。

所以，大家或多或少都助長了愛情的謊言和性謊言，日積月累下來，這些謊言混雜交織在一起，對兩性關係不但沒有助益，反而有害。有許多原本感情不錯的夫妻，只因爲性生活不美滿就離婚，便是最好的證明。相信讀者在閱讀本書的過程中會逐漸明白，如果完全聽信專家的話，無形中對長期關係會造成什麼樣的傷害。

爲了對長期伴侶關係眞正有所助益，我們必須解開性關係和伴侶關係的迷思，並且揭穿愛情的謊言。這就是我們接下來的任務，我們先來具體地看看愛情謊言有哪些。

愛情的五個謊言

我先簡單介紹一下關於愛情的五個謊言，並且說明它們引起的後果。

一、伴侶關係的謊言

我認爲最糟糕的愛情謊言是下面這句話：

「伴侶關係和性關係是緊密結合，密不可分的。」

也就是說：如果伴侶關係中少了性生活，兩人之間激情不再，慾望消退，就不能算是「美滿」的伴侶關係，而是有缺陷的，人們也就認定這段關係失敗了。

二、愛情謊言

後果一樣嚴重的謊言是：

「愛和性是密不可分的。」

這裡的「愛」，大家都會直覺地聯想到夫妻或親密伴侶之間的愛。這種愛應該是最眞實、最深刻，同時也是獨一無二的愛。

由這句話可以推論：愛一個人，一定也會渴望他的身體。如果你對另一半沒有慾望，就是不愛他。

三、救贖的謊言

「你只要找到合適的另一半，那麼你所有的需求，無論是心靈、情感和肉體上，都能得到滿足。」

一般人都對救贖的謊言深信不疑，因為這一語道出眾人的心願——兩人彼此相屬，不再有紛爭，就像進入愛情的天堂一樣。

它所造成的後果也是眾所皆知的：伴侶一個接一個的換，因為他們認為還沒有找到最合適的另一半；不但對另一半怨聲連連，還試圖去改變對方；最後滿腹的牢騷和不滿，造成彼此爭吵不休。

四、性技巧的謊言

「擁有豐富的性知識和技巧，性生活才會美滿。」

換句話說，擁有高超的技巧和性知識，才能永遠保持伴侶之間的激情和慾望。

這種現代的謊言主要是性學家、心理醫師和星象命理家廣爲宣傳的。他們宣稱，藉由特定技巧的練習，我們就能一直維持美滿的性生活。

這謊言意味著，性是一種體能的表現，可以經由「苦練」提高品質，而性生活的滿足更成爲伴侶間應盡的義務。

五、伴侶的謊言

「伴侶彼此自欺欺人，假裝他們的關係有多麼美滿。」

伴侶的謊言包括：一再讚美對方是多麼美好，令人渴望；假裝性高潮，隱瞞對伴侶的失望；否認性幻想，背地裡卻發生婚外情，過著雙重生活。

這樣的謊言使得伴侶們不僅對自己，也對另一半要求太過嚴苛，造成彼此的負擔，進而產生分手的念頭。由於彼此不再坦誠以對，也失去了信任感，終於導致漸行漸遠的下場。

當然，這些愛情的謊言是環環相扣的，所以必須抽絲剝繭地加以分析研究，才能透視每一種謊言。在現實生活中，這些謊言通常是相互結合，很少單獨出現，所以更增強了對伴侶關係的破壞力。

這五種謊言，對今日的伴侶關係造成負面的影響。在我調查的伴侶中，只有少數幾對能夠坦然接受，他們認爲沒有性生活的關係沒什麼不對，而且還覺得這種關係非常美滿。

大多數的人都認爲性是伴侶關係中不可缺少的一部分，但是這種觀念並不是本來就有的，我簡單介紹它們在歷史上的發展，就能證明。

性與兩性關係的歷史演變

幾世紀以來，教會和國家一再強調，性行爲只限於伴侶之間，這是「上帝的旨意」或「順應自然的」。時至今日，現代的心理學家則將這種貞操觀念稱爲「成熟」的兩性關係。

兩者的觀點或有差異，但他們卻從未質疑過，長期下來，伴侶能否一直維持激情的性關係？所以一般人心中就形成了一種錯誤的觀念，也就是，美滿的性生活和伴侶關係是密不可分的。再加上學校所教的，通常只是不完整或者片面的歷史，也使大家都誤解了婚姻、伴侶和性之間的關聯。

伴侶關係和性關係眞的是密不可分的嗎？人們自始以來就一直是這麼認爲的嗎？這是

最基本而且重要的問題，所以應該重點式的介紹一下歷史的演變，如果我們觀察從原始社會一直到現代的發展，可以發現一些令人大爲吃驚的事實。

經由歷史的觀察，我們可以發現：

一、性與伴侶關係密不可分的說法，並不是歷史上每個時代都有的觀念。
二、歷史上每個時期，其實都存在著沒有性的伴侶關係，及非伴侶間的性關係。
三、有些古文明中，婚姻之外的性關係是合法的。
四、婚姻的貞操義務其實是基於經濟考量而來。
五、十六世紀前，大部份的平民都因爲沒有足夠的財產，所以得不到教會的允許，無法結婚；由此，我們也可以想像教會是如何從中獲取暴利。
六、直到十七世紀，教會和國家才承認必須經過登記的一夫一妻制，而且禁止離婚，同時，只有夫妻間的性關係才是合法的。註三
七、婚姻應該以愛情爲基礎，而當愛情褪色，婚姻也該結束，這是浪漫時期發展出的觀念。
八、只要努力經營伴侶關係，就能長期維持美滿的性生活，這是二十世紀才有的

想法。

性與伴侶關係間的必然性，眞是亙古不移的原則嗎？這其實是值得懷疑的。只是我們一再被灌輸這樣的理想，於是它就變得更加眞實，更值得追求，好像總有一天一定會實現，久而久之，再也沒有人會去懷疑它的眞實性了。在看完接下來的歷史發展簡介後，我們將可得到一個重要的認知，其實，性並不如一般人想像的重要。如同英國社會學教授肯・普拉默（Ken Plummer）所說，性其實是「不定且多變的」註四，幾百年來，性一向隨著生活條件的改變，而作適度的調整。以下這趟歷史之旅，或許能改變我們一些根深柢固的觀念。

情慾自由的原始社會

在原始的社會中，有拘束性的婚姻制度還沒有成形，兩性之間的關係相當簡單，男女合則聚，不合則散，伴侶之間貞操觀念較不受重視。今日南美印地安人的雅莫瑪米族（Yamomami）就是這種原始文化的例子。

夫妻和子女一起居住在簡陋的木屋裡，性行爲也是在木屋中進行，他們也會和其他人發生性關係，但通常在森林裡進行，對族人而言，這只是人際關係中的一部分，於是大家也就欣然接受了。另外，皮格曼族（Pygmaen）則認爲，男人外遇根本沒什麼好大驚小怪的，而且還經常成爲女人茶餘飯後的話題。註五

在原始社會中，性不只是爲了繁衍下一代，同時也一種享樂，而且沒有所謂的固定伴侶。隨著經濟的發展，人們逐漸累積財產，慢慢衍生出財產分配和親屬繼承的利益衝突，所以才發明出婚姻制度。

性和伴侶關係的關連，除了在保存至今的風俗中有跡可尋外，已經消失的古文明也留下了相關的證據。早在約西元前兩千年，巴比倫的漢摩拉比法典就出現了史上第一部成文的婚姻法，其中規定一夫一妻制是親屬制度的基礎，並且以婚姻契約來強調其拘束力和重要性。但是在夫妻其中一方無法履行義務的情況下，特別是無法生育時，離婚則被允許。巴比倫的婚姻制度是以經濟利益和財產繼承爲主要考量。和所有的父系社會一樣，巴比倫的男人如果有外遇，不用擔心會有嚴重的後果，因爲婚姻的主要目的是爲他繁衍下一代，男人納妾是被允許的，甚至還可以光明正大的帶進門。當時的妓院是歸神廟管轄的公共設施，無論男人或女人都可在此尋歡作樂。註六

希伯來人的婚姻觀和巴比倫人大同小異，婚姻唯一的目的也是傳宗接代，如果這個目

的不能達到，可以要求離婚，此外，男人可能會被迫娶親兄弟的遺孀，爲兄弟傳下香火，主要也是考慮經濟與社會的因素。

在希臘的斯巴達，人們不到二十歲就結婚了，但是未滿三十歲前，夫妻通常是分居的，算是「試婚」階段。這種婚姻的約束力很薄弱，外遇對他們來說，不是件多麼嚴重的事。在外在環境的壓力下，個人的情感有時就變得微不足道了，尤其在困苦的時期，甚至還時常有兩兄弟共娶一妻的情形發生。

古羅馬雖然實行一夫一妻制，但是納妾也是合法的。有錢人包養的情婦，出身通常較高，但是她的孩子並沒有繼承權。離婚在羅馬帝國時代也很簡單，只要其中一方提出即可，此外，把妻子「借」給朋友，也是屢見不鮮的。婚姻和性變成了一種擴張政治勢力和財富的工具。

有別於希臘婦女，羅馬婦女不需要負起傳宗接代的責任，因爲收養子女在當時是很普遍的，羅馬人期望妻子能夠滿足他們的性生活，否則便出外尋歡。他們認爲嫖妓有助婚姻的維繫，因爲如此一來，性需求不滿足的男人才不會去破壞別人的婚姻。

羅馬人認爲性慾是人的天性，根本無須壓抑，所以他們並不在乎另一半尋花問柳，如果覺得兩個人沒有辦法再一起生活下去，就可以要求離婚。羅馬人很崇尚戀愛的自由和求愛的藝術，詩人常在情詩中歌頌愛情，故事中男主角拜倒在女主角的石榴裙下，之後展開猛烈的追求，對象從風塵女郎到已婚婦女都有註七。羅馬人堅信，眞愛並不是建立在利益的基礎上，而是在魚水之歡。

西元六十四年羅馬焚城後，羅馬人屠殺基督徒的行動就是爲了捍衛性自由。由於沒有證據能證明是基督徒縱火，所以他們以「仇視人類的性行爲」爲罪名，迫害和謀殺基督徒，主要是針對基督徒對性的敵視，和他們所建立的新道德觀。註八

除了希臘、羅馬外，同時代的日耳曼民族還同時並存著三種不同的合法性關係。第一種是由新娘的監護人和新郎訂立的婚姻，新郎必須支付聘金，新娘會有一筆嫁妝。直到新人在證人的監督下圓房，這樁婚姻才宣告成立，而且只有特定的情況下，才能夠離婚。

第二種婚姻並不以財產的交換爲前提，男女雙方是因爲感情才結合的，這種婚姻特別適用於身分地位相差懸殊的伴侶，例如，女方的家世比男方高，她不希望婚後財產歸男方管，就會選擇這種婚姻形式，而且，日後雙方都有權利要求離婚。

最後一種則是自由的男人和女奴之間的婚姻，女人在婚姻中沒有任何權利，而男人則可以確保性的滿足。日耳曼人也和其他民族一樣，婚姻是達到經濟利益的手段，他們容許伴侶出外尋歡作樂。

由前文介紹的歷史可以證明，沒有一個古老民族把性和婚姻劃上等號，雖然性關係是基於傳宗接代的必要，而成爲契約的內容之一（婚姻即是契約），但是性行爲並不限於婚姻關係中。相反地，當時的人大都在婚姻關係外追尋性享樂，而婚姻中的性只是傳宗接代的工具罷了。一直到中世紀約西元八世紀時，這種情形才逐漸轉變。

宗教約束下的中世紀婚姻觀

早在新約聖經[註九]，耶穌就提倡一種新的婚姻觀，他反對離婚，並強調夫妻間的忠貞義務[註十]。過去在古典時期或猶太律法中，離婚一向被視爲合法的，但早期的基督徒接受了耶穌的教義，離婚才首次成爲一種罪惡。

其實，這種新的婚姻觀還是以經濟爲出發點。當時的巴勒斯坦地小人稠，墮胎在當時的猶太律法中早已被禁止，若要以節慾來減少人口，卻是行不通的，所以貞操義務是降低生育率的唯一方法。早期的基督徒對婚姻中的性行爲還持肯定的態度，姑且不論他們是否嚴格遵守這種貞操義務，但是從西元一世紀起，因爲僧侶的影響，他們逐漸鄙視性行爲。從此以後，僧侶遵守的教條「誓死保衛貞潔」就深入基督徒的生活中了。[註十一]

從中世紀初開始，基督教在歐洲不斷擴張勢力，神職人員如紅衣主教、主教和各教派的領袖，對歐洲的政治、經濟和社會的影響力日增，所以基督教禁止離婚的理念，也逐漸散播到全歐洲，甚至在有些地區確實被遵行。如此一來，原本開放的性關係，從此以後就被禁錮在婚姻中了。

基督教主張婚姻是夫妻雙方對彼此的承諾。但是這種觀念在當時卻難以落實到現實生活中，因為物質、社會和政治的因素依然有著決定性的影響力，這種情況一直持續到二十世紀才有所改變。儘管如此，基督教的教義還是使得婚姻慢慢擺脫了家庭的影響，並且成為個人的私事。最後，婚姻不再由家庭來安排，而漸漸落入教會的掌控。

中世紀時，歐洲社會除了合法的婚姻外，也充斥著各種非法的性關係，例如嫖妓或包養情婦。十二世紀時，許多主教，甚至連教皇也包養情婦，並且生了很多私生子。不論是教會本身或在各個城邦中，基督教的規範都很難完全地遵行。儘管在中世紀晚期，外遇會受到非常嚴厲的懲罰，但要求激情和性愛只能局限在婚姻中的教義，依然只是一種理想。此外，社會上不同階級的人，對性和婚姻的態度也有很大的差異。

為了鞏固自己的地位，貴族們把婚姻建築在政治和經濟利益上，所以貴族從未把教會的婚姻規範當一回事。十三世紀時，教會很有技巧地為貴族開放了離婚與再婚特權，條件是他們必須支付教會鉅額獻金。

「只要付得起一筆可觀的財富給教會，許多婚姻上的禁令便能解除，例如原本禁止通婚者可以結婚，或者已締結的婚姻也可宣告無效，數百年來，教會利用這種婚姻的決定權，從社會的上層階級手上取得了無數的財富和無上的權勢。教會用這種方式慢慢推行離婚的禁令，而婚姻大事也逐漸落入他們的控制中。」註十二

在貴族的婚姻中，性行爲只是單純的履行義務而已，夫妻的感情非常冷淡，如果兩人有親吻和擁抱的親密行爲，反而會遭人嘲笑，他們的婚姻毫無激情可言，激情只存在於婚姻之外，或是只有在吟遊詩人美化後的情詩中才找得到，詩中可望而不可及的已婚貴婦人才能激起他們的熱情。在歐洲宮廷裡，對婚姻忠貞者會被鄙視。既然教會對貴族的影響力有限，那麼對於貴族縱慾的行徑，自然也束手無策，難怪歐洲宮廷裡到處充斥著妓女、情婦。

相反地，教會對一般平民有絕對的影響力。通姦的女人可能會被逐出教會，或是依世俗法處以重刑，例如被丈夫公開鞭打，甚至折磨至死。到了中世紀末期，很多貴族經營的妓院和澡堂，和新興城市中流行的聲色場所，都紛紛關閉，性道德也受到宗教改革的影響而日趨僵化。

「從十六世紀下半葉起，國家和教會聯手取締未婚同居者。」註十三沒有財產的平民和貴族恰恰相反，他們並沒有結婚的權利，因而陷入困境。「奴隸、窮人、佃農、女僕、城市中的家僕、學徒、軍人或其他社會階級的人不得結婚，只有獲得特許才能破例結婚。」註十四

窮人不准結婚的禁令，一直持續到十九世紀末才有所改變。在此之前，一般人本來還擁有性自由，但是基督教的婚姻教條普遍實施後，一般平民根本不可能擁有合法的性關係。如果他們不願意放棄性生活，只好同居、嫖妓，或是以手淫等「不道德」的方法來洩慾，無論如何，他們都成了教會眼中的罪人。

禁止窮人結婚，其實也為教會帶來實質上的利益。

「中世紀時，教會或是一般地主可以任意處置他們的奴僕，不論是販賣、交換或是贈與。」註十五奴僕包括了教會的女僕、一般的女僕、神職人員以及未婚父母所生下的眾多私生子。如此一來，這些「非法的」、沒有公權的人，就成為源源不絕的人力資源，供他們任意奴役或買賣。

農人和工匠屬於可以結婚的有產階級，他們通常都和同階級的人通婚，當然也是以經濟利益為考量，如土地、牲畜和嫁妝。此外，近親通婚的情形也很普遍，目的是要避免家

族的財產外流。工匠的婚姻由公會安排，有些公會甚至還安排工匠的遺孀再嫁給另一個成員，唯有如此，寡婦才不會失去前夫所遺留下來的財產。

農人和工匠通常都會遵守基督教禁止離婚的規範，因爲「唯有穩定的婚姻才能建立安定的莊園。」註十六他們的性生活也謹遵基督教的教義，旨在傳宗接代，不爲享樂。夫妻間的性行爲只是履行義務，應該安靜且隱密地進行。在教會的眼中，其他的方式都是有罪的。

工業革命後的「理性婚姻」

十九世紀的工業革命引起了社會結構的重大變革，支領薪水的勞工興起，中產階級逐漸取得政治權力和財富，而他們兩性關係也隨之改變。

從家庭手工業開始，然後擴及受雇於工廠的勞工，穩固的經濟基礎使他們漸漸具備結婚的條件。這些人只以體力勞動即可謀生，不再依賴土地或財產，於是感情逐漸成爲婚姻的基礎。人們選擇自己喜歡或是有吸引力的伴侶，至少他們心中是如此期望著，只是現實生活中，夫妻必須共同奮鬥以求溫飽，所以愛情還不是婚姻關係中最重要的因素。

中產階級的政治和經濟地位日漸提高，他們的擇偶條件，也逐漸混合了經濟因素以及個人的喜好。物質條件雖然有決定性的影響力，但一般人還是認爲，夫妻之間應該互相有好感，這是歷史上第一次出現夫妻要相親相愛的婚姻觀。由於工作和住家分開是這個時期主要的生活方式，這種新的生活形態，使得夫妻之間能保持適當的距離，所以性生活就更加美滿了。

「中產階級婚姻的基礎是愛情，這樣的浪漫愛情使男女關係理想化，尤其成長中的少男少女必須保持一定的距離，再加上他們從小被灌輸了性別差異的觀念，這些因素都讓愛情更成爲一種浪漫的理想。」註十七

兩性之間的距離美化了愛情，這觀點相當有趣。正因爲年輕男女分開受教育，他們自然會在無人引導的狀況下，依照自己的經驗，盡情地幻想浪漫的愛情。這種距離過度美化了愛情，年輕的一輩於是把自己對幸福的渴望，和獲得救贖的願望寄託在愛情上。

歷史上的這段時期，正是伴侶關係和性關係的轉捩點，因爲從中產階級的婚姻觀，可以看到人類結婚的動機，由純粹以物質考量轉變爲以愛情爲基礎。

中產階級的理想婚姻兼具了兩項要素，一方面要保有財產，另一方面也企求愛情。一般人想從男女關係中獲得這兩樣需求，過去人們常要在婚姻外尋找其他不同的對象才能滿

足，現在就只能在婚姻關係中從唯一的伴侶身上獲得，而且最好能夠依照理想的順序發展：婚前先享受一段浪漫的愛情，婚後則維持單調但穩固的婚姻關係，這即是「理性婚姻」這一個名詞的由來。

中產階級的婚姻觀也造成了極爲明顯的雙重道德觀，他們這種理性的婚姻很難維持，因爲愛情與理性本就無法相提並論。把性關係局限在婚姻關係中，結果卻造成聲色場所如雨後春筍般出現，而中產階級的婚姻觀也因此遭到嚴厲的抨擊。

到了浪漫時期，人們摒棄了中產階級的「理性婚姻」，開始嚮往單純的「愛情婚姻」，就像中產階級的理想一樣，結婚是爲了愛情，但是婚姻關係也得靠愛情來維繫，所以當愛的感覺消失時，婚姻就沒有存在的必要了。

基於浪漫時期的理念，像「今生唯一的眞愛」這種理想也隨之誕生，但如此完美的情侶向來是可遇不可求的，如果有幸遇到，愛情也不能維持天長地久，於是只能不斷地從錯誤中嘗試，也因此給予那些頻換伴侶的人一個冠冕堂皇的藉口。婚姻既然無法達到我們對愛情的要求，不但基督教禁止離婚的教條隨之動搖，婚姻制度也因此逐漸瓦解。所以現代人在面臨婚姻和愛情的兩難時，常常會捨棄縛手縛腳的婚姻，選擇無拘無束的愛情。[註十八]

現代的兩性關係

隨著民風開放，現代人的價值觀也大為改變。大家覺得婚前性行為很平常，法律的禁令也隨之大幅放寬，現代的兩性關係可說是非常多樣化，我們可以隨心所欲地選擇自己的伴侶，不拘動機和形式。兩個人在一起可以單純為了物慾，或理性、浪漫、宗教等其他因素。你可以選擇結婚或同居，只要自己喜歡就好。現代人看來似乎非常幸運，但其實也相當不幸，因為我們必須自己思索該如何定位伴侶關係。現代的兩性關係可說非常「民主化」了，婚姻不再是家族、國家或教會的事，男女關係僅僅取決於雙方的意願，以及兩人所選擇的生活方式。

以今日的觀點來看，男女關係的模式是可以自由創造的，只要在社會的規範內，我們大可自訂遊戲規則。在這種情況下，伴侶關係不再是種固定的關係，而是隨著兩人間關係的變化而不斷轉變，好像它也有自己的生命一樣。註十九

現代人多半不再為了物質上的需求而共組家庭，愛情扮演著日益重要的角色，所以長期的伴侶關係已經越來越難維持，再加上性關係被視為伴侶關係的一部份，使得問題變得更加棘手。

為了達到這個新的理想，現代人極力尋找新的方向，婚姻諮詢和心理醫生成為他們最後的救星。因為浪漫的愛情在現實人生中實在難以實現，這些愛情專家只好宣稱：美好的關係是必須透過學習才能達成的，愛情不像童話故事，只要相愛就能持續下去，兩個人必須攜手努力，愛情才能長久。沒錯！我們甚至還得努力學習性技巧。根據專家的說法，這是每個人都能做到的。

以上就是性和伴侶關係在歷史上的演變，由此可見，由於經濟、社會、文化和宗教等因素的影響，兩性關係不斷地在自我調適改變。

所以，我的結論是——愛情和性之間從來沒有絕對的關係，所謂夫妻之間「理所當然的性關係」，這種觀念不過是天方夜譚罷了。

註釋

註一：《爲你》雜誌（Fur Sie），摘錄自《漢堡早報》（Hamburger Morgenpost）。

註二：引述自婦女雜誌《布麗姬特》（Brigitte），一九九九年第二十期。

註三：何勒・先克《自由戀愛——同居》，見前註，第五四頁。

註四：引述自《荷爾蒙的跳躍》（Hiphop der Hormone），《明鏡週刊》（Der Spiegel），二〇〇〇年第四八期。

註五：引述自北德廣播電視台一九九五年專題報導《皮格曼族的森林》（Im Wald der Pygmaen）。

註六：莫魯思《性的世界史》，第三十頁。

註七：羅馬詩人波貝茲（Properz）的詩句：「喔！我多麼愛著這個不受世俗拘束的女子，看著她披著薄紗半裸地走進來，不懼眾人好奇與妒忌的眼神，足踏沾滿灰塵的鞋，毫不猶疑地漫步在史卡拉別墅的石板路上，只要有人輕輕揮手，她即肆無忌憚地四處招惹事端。她從不拒人於千里之外，也從不掏空你的口袋。」摘錄自莫魯思《性的世界史》，第七十頁。

註八：羅馬史學家塔希圖斯（Tacitus），摘錄自莫魯思《性的世界史》，第七九頁。

註九：新約馬太福音五章十九節。

註十：詳情請參閱莫魯思《性的世界史》，第八一頁。

註十一：請參閱米歇．福考特（Michel Foucault），《貞潔的戰爭》（Der Kampf um die Keuschheit），引述《慾望的面具與感性的變形》（Die Masken des Begehrens und die Metamorphosen der Sinnlichkeit, Frankfurt 一九八四）。

註十二：何勒．先克《自由戀愛——同居》，見前註，第四七頁。

註十三：見前註，第五四頁。

註十四：見前註，第五四頁。

註十五：請參閱海斯（Hess），戴西勒《教會之十字架的提示》（Hinweis aus Deschner, Das Kreuz mit der Kirche），第二二八頁。

註十六：菲利普．亞利耶斯（Phillippe Aries），引述自《慾望的面具與感性的變形》，第一九一頁。

註十七：何勒．先克《自由戀愛——同居》，見前註，第八五頁。

註十八：參考何勒．先克於《自由戀愛——同居》中提出之假設。

註十九：關於兩性關係的實體化，請參閱米歇爾．馬利（Michael Mary），《迷人的兩性關係》（Faszination Beziehung 一九九九）。

第一個謊言
過度渲染的伴侶關係

所謂的「愛」，並不是兩個人互相凝視，
而是兩個人注視同一個方向。

朱貝里

這種謊言造成一種錯誤的觀念，讓我們誤以爲固定關係中如果少了性生活就是有問題的，還有，婚外性行爲是不道德的。一旦發生了這兩種情形，我們會因此產生罪惡感或自卑感，甚至覺得自己是個失敗者。

我們之所以會察覺這個頭號愛情謊言的存在，乃是因爲伴侶關係和性關係密不可分的觀念，早已根深柢固在我們的腦海中，而伴侶也都彼此要求對方去實踐這個想法。

由前文的歷史簡介我們可以發現，歷史上有兩種截然不同的兩性關係，第一種是男女結合而成的「終身伴侶」，另一種則是「性伴侶」。接下來我將使用「終身伴侶關係」和「性伴侶關係」這兩個用語來區分兩性關係。目前大家普遍接受的觀念，是自古以來婚姻關係就一直包含著性關係，很明顯是錯誤的，事實上這兩種關係一開始根本是各自獨立的，直到約兩百年前，他們才硬被湊在一起相提並論。

這兩種關係能夠形成並持續數百年絕非巧合，但其中的道理卻也顯而易見，也就是，兩種關係各發揮其不同的功能，可以達到不同的目的。

終身伴侶關係有什麼作用呢？一對男女結成終身伴侶，目的在於互補兩人的優缺點，共同克服人生中的種種難關，這種關係的主要任務在於兩人互相扶持共度餘生，所以包含了生活中最重要的兩部分，也就是物質和精神層面。

物質層面

人類爲了確保物質上不虞匱乏而建立伴侶關係，在過去，這是選擇伴侶唯一的考量，例如保存財產、鞏固權力、繁衍子孫、保障繼承權和生計等問題，關係著族人、家庭或整個社會的利益，所以也成爲婚姻最主要的原因。這種傳統的婚姻絕對不會考慮任何情感的因素，譬如伴侶的性格、愛情、對彼此的好惡等等。此外，夫妻間的感情或激情，甚至被認爲有損婚姻。夫妻必須保持距離，各盡其責，履行婚姻義務，僅止於此，而這樣就是「好」伴侶。

精神層面

今日男女結合不再是爲了確保生計，而是爲了共享人生。現代婚姻的主要任務，在於伴侶間感情與精神上互相依靠，並且在人格發展上相互扶持。兩人在共同生活中發展出一種特殊的親密感和安全感。相反地，如果頻頻更換伴侶，就無從培養出這種情感了。這種親密感是日積月累培養出來的，時間久了，兩個人就會自然而然的產生這種感覺。

終身伴侶關係

比較過去，現代人太過輕率地開始或結束一段感情，所以我們都渴望擁有「美好」的戀情，因爲現代的男女關係還有另一層心靈上的意義：伴侶在共同生活中會慢慢產生一種特殊的認同感。特別是現代人在職場或社交生活中，越來越難有認同感，相形之下，這種伴侶間的認同感就顯得格外重要。此外，冷漠的現代人很難對國家、社會或企業產生歸屬感，所以伴侶關係就接下了這個重責大任，讓我們的心靈有所依靠。

「婚姻是一個長久的共同體，這段時光生動又充實，而且不會隨著死亡而消逝，在只重視片刻歡樂又不斷求新求變的現代社會中，它帶給我們最深刻的心靈慰藉。」註二十

除了提供認同感外，伴侶關係還能滿足人們精神上的需求，這當然也是因人而異。有些人是爲了滿足精神上的需求在一起，有的人則希望在伴侶身上彌補自身的缺憾，使自己成爲一個完整的個體；此外也有人決定藉此邁進生命的另一個階段，例如共組家庭。伴侶關係還有另一個作用，兩人可以一起實現理想中的伴侶關係，共創幸福美好的未來，例如

虔誠的基督徒就可能會祈求擁有一段「基督徒式的婚姻」。

性伴侶關係

和終身伴侶關係恰恰相反，性伴侶關係完全無關乎生活或生計問題，男女兩人在一起就是爲了滿足感官，縱慾享樂。

我在前文的歷史簡介中提到，教會和國家都試圖將「性」定義爲傳宗接代的工具，而且僅局限在婚姻中，但是他們的努力反而帶給人們更多的苦難，而且人們「爲性而性」的狀況，根本沒有絲毫的改變。由此可知，性關係不會因爲有了終身伴侶關係，而喪失存在的意義。時至今日，這種婚姻之外的性關係，依然存在數種不同的形式，從付費的性交易、換妻俱樂部，一直到外遇，以及現代人頻頻更換性伴侶現象。

在上位者用盡各種手段試圖把性事拘禁在夫妻閨房中，卻從未成功過，這反倒印證了性對人類的重要性。爲什麼情慾如此重要？又爲什麼性在固定關係中難以長久維持？至此我們可以確定，終身伴侶關係和性伴侶關係的功能完全不同，兩者個別滿足人類不同的需求。

兩性關係的窘境

現代人必須同時扮演這兩種角色——終身伴侶和性伴侶，但是事實證明，這種關係很難長期維持下去，除非是和不同的伴侶。

我們可以確定一點，激情和伴侶關係可能同時存在，也可能各自獨立，但是性生活在長期固定關係中會逐漸減少，熱情也會隨著時間慢慢冷卻。

以愛情為基礎的婚姻，不過是這一、兩百年來才受到重視，在此之前，愛情對男女雙方是否結婚沒有任何影響力，但是到了現代，愛情搖身一變，成了建立固定關係的要件，性也變成伴侶關係不可或缺的基石。

愛情，正確的說是戀愛，被視為通往結婚之路的門檻。戀愛其實是愛情的一種浪漫形式，所以在兩人關係的初期，性生活熱烈且頻繁，這正解釋了為何蜜月期總是近乎完美。當兩人日漸熟悉，每天又得面對日常的柴米油鹽時，我們還是希望激情和性吸引力能夠繼續下去。但是這種理想和現實之間的差距實在太大了，幾千年來人們早已明白熟悉感和激情是相互矛盾無法並存的，所以斯巴達人才會在十八歲結婚，之後就開始分居，直到三十歲為止，藉著保持適當的距離，夫妻之間的激情才不會消退，生育率也就大幅提升了。當時的人就已經明瞭，伴侶之間保持距離，可以維持兩人美滿的性生活。

一位四十八歲的醫生結婚十八年，他自認這段婚姻非常珍貴，因爲夫妻間擁有共同的興趣，以及在生活上相互扶持，已經將兩個人緊密地聯繫在一起。在性生活上兩人也偶有美妙的魚水之歡，只可惜次數不多。我正要恭喜他，結婚十八年還能和妻子保有美好的性生活，他卻突然以憂鬱的眼神問道：「我們之間到底出了什麼問題？我們到底做錯了什麼？爲什麼我們不能再像過去那般互相吸引？」

一位三十九歲的女老師，經歷了很多段感情，理由看起來很簡單，她沒有辦法和男人維持長久的性關係，「我很自責，覺得自己有缺陷，不夠完美，缺乏吸引力。」註二一

一對同居了十四年的伴侶，過著「幸福」的日子，「我們深愛彼此，但是性生活卻早已大不如前，我們的關係已經走樣了，我想，還是趁我們對性還沒完全絕望之前，趕快分手吧，免得眞有這麼一天。」

相信很多人都經歷過上述的情況，這些例子也顯示出，伴侶就是以理想的關係來衡量自己，所以才會自我批判並且心生自卑感。

現代人的痛苦，主要是苛求自己要對同一個伴侶同時扮演各種不同的角色，滿足各種不同的需求，這就是第一個謊言「伴侶關係和性關係是密不可分的」所造成的後果。儘管

大部分的人都有過這種不愉快的經驗，甚至連愛情專家也不例外，但是專家還是不斷地繼續宣揚這種海枯石爛的伴侶神話。

我們不禁要懷疑，專家到底有沒有專心傾聽人們的心聲。不過專家的高論卻普遍引起共鳴，他們所要做的就是給大家帶來一點點希望，因爲他們自稱知道如何把終身伴侶關係和性伴侶關係等兩種截然不同的關係連結在一起。

「先分裂再統治」，先製造內在的衝突，再販售解決之道，這使倆一向行得通，而且專家的論調乍聽之下也很有道理，我們現在就來聽聽專家的說法。

性、伴侶和上帝

現代社會中，教會或政府對伴侶關係已經不再具有任何影響力了，而是由心理醫生和婚姻諮詢趁機取而代之。

但是如果你因此覺得神職人員已經不再插手兩性關係，那你就大錯特錯了。很多相關書籍都是出自這些自稱爲上帝代言的「愛情專家」之手。所以神學的觀點還是很重要，必須加以說明，尤其是它在文化上具有的重要歷史意義，至今還有左右大眾感情生活的重要影響力。

在西方世界中，基督教的價值觀已經根深柢固，包括伴侶的相處之道、愛情生活和性生活。這些價值觀總是在悄悄地發酵作用，一旦我們遇到心理危機，它們就探出頭來啃食心靈，讓我們產生愧疚、罪惡或是挫敗感。

「婚姻不得解除，伴侶的愛是無私的。」神職人員怎麼解釋這個信條？基本上，他們還是反對離婚，因爲「兩個人的結合是上帝的旨意，人類不得擅自更動」。有關離婚的規定，新教也只比天主教寬容一點點。

我們不要忘了，根據猶太律法的規定，離婚是被允許的，上帝一定是後來又改變主意。

「婚姻中的愛情是一段驚險的冒險，你可以想像，你和另一個人共度一生，而你對他只有主觀或片面的瞭解，之後才慢慢認清他的眞面目。你爲了愛放棄自我，完全不知道結果會如何，因爲另一個人也已經失去了自我。婚姻中的愛情比任何一種激情更具意義，它是更深刻的愛，攸關人類的生死與再生，婚姻中自我會消失無蹤，孩子會誕生，人類的愛會消失，唯有上帝的愛才能昇華。」註二二

這種無私的愛，看起來似乎是不會消逝的，也沒有任何離婚的理由。即使另一半是個

暴君，人們也只好逆來順受，因爲以他們的觀點來說，這些都是上帝的旨意。正因爲婚姻中自我已不存在，所以個人因素自然不能構成離婚的理由。

那麼，每個人都希望自己的伴侶能無私奉獻，如果眞能順利找到這樣的另一半的話。這時問題就來了：同樣的，另一半應該也犧牲奉獻，所以他凡事都應該順著我，所以只要換個角度就會引起衝突。

「我們就照你的意思做吧！」

「這怎麼行呢，當然是聽你的。」

「好吧，我無所謂。」

「不不不，聽你的沒關係。」

就這樣沒完沒了。

不用擔心，上帝已經想好解決之道了。以基督徒的觀點看來，在上帝的見證下結婚後，男女雙方不再是獨立的兩個個體，而是合爲「一體」，而妻子就是心臟，丈夫是首腦。俗話說「嫁雞隨雞」，如果有人覺得這是壓榨女性，那就是他搞不清楚狀況了，畢竟心臟的重要性不亞於首腦，再說女性本來就是比較感性，而男人則是比較理性，我們不應該違反自然法則。這種新論調很明顯的透露出傳統男尊女卑的觀念。

無私的伴侶應該要全心全意的愛另一半，不能有私心，一定要謹遵教誨：「放棄自己，迎合對方，以無私的愛來榮耀上帝。」

教會幾百年來不斷宣揚夫妻一體的理念，婚姻籠罩在這種合而爲一的迷思中，所以神職人員奉勸人們，要拋開自我，和伴侶合爲一體，再與上帝合而爲一，然後人類的愛會消失，在上帝的大愛中得到救贖。但是到底爲什麼人類的愛會消失？爲什麼激情是膚淺的？因爲它是殘缺不完整的、稍縱即逝的嗎？還是因爲人們無法掌握它呢？

「性需要婚姻來完成，因爲只有透過婚姻，我們才能從本能的慾望中解脫出來。」可見天主教仍然認爲人應該要壓抑激情的愛情，新教徒對此比較寬鬆一點，他們現在甚至認爲性是「上帝允許信徒提前體驗未來的天國之樂」，不過僅限於婚姻中的性愛。

這兩種主張其實是一樣的，伴侶之間的愛應該是要「全心全意」，不是只沈溺在肉體的享樂。首先必須克服的是「單純的性衝動」，如此一來人們就能擺脫世俗的束縛，將愛昇華到更高、更純眞的境界。

「夫妻間的愛不受肉體慾望的牽引，它毋寧是一種理性的感情，是對配偶的無限付出。一段永恆、堅貞且幸福的愛情，總是在這種模式下運作：不渝的愛是一種意志

力的表現，兩人必須把自己的精神、肉體和靈魂完全奉獻給對方。」[註二三]

神職人員的觀點，本質上與僧侶「誓死保衛貞節」的信條相同，僧侶以刻苦的修行來克服慾望，堅定對上帝的信仰[註二四]。而一般人不必刻意壓抑性慾，而是透過婚姻將性愛昇華。

基本上，基督教也期待信徒像僧侶般修行，因此必須將伴侶關係中所有的挫敗和失望視爲是一種考驗，把自己全部奉獻給對方。和僧侶唯一的差別在於，性生活不需完全放棄，而是要奉獻給婚姻。

依照這樣解釋，神給我們的許諾就再明白不過了，只要我們拋棄自我，克服性的本能和慾念，伴侶雙方合爲「一體」，並嚴守不離婚的戒令，就保證能擁有幸福美滿的婚姻。

宗教所宣揚的無私理念在此表露無遺，這類的許諾特別能吸引貪婪的人，因爲他們根本就不願意放棄自我和原始的享樂，只想藉此得到更好、更高層次的享受。他們之所以付出，只是爲了擁有，因爲他們還沒有準備要無條件地放棄自我和性生活，相反地，他們只是和上帝做項交易而已。

有些人心裡可能想著要和伴侶過這種近似禁慾修行的生活，畢竟這是他個人的自由，感謝主！我們已經有了宗教信仰的自由。其實，很多宗教也都將苦修視爲是獲得救贖的方式，問題在於，這種無私的愛和壓抑性生活的要求，是不是百分之九十九的基督徒或是受基督教影響的人都能做到呢？

並不是所有的基督徒都嚴格遵循教會的訓誡，幸好，不論新約、舊約或其他經典都不是死板的教條，於是我們有足夠的空間，可以任意發揮或解釋基督的教義，只要勇於解釋，就能獲得一定的行爲自由。

現代新教的觀念

「深刻而美好的性愛，只可能發生在婚姻關係中。」

在宗教改革之後，新教對於伴侶關係和性關係所抱持的態度，已經和天主教有所不同。他們對於性的評價仍有若干雷同之處，但本質上已經有了明顯的差異。就是爲了對抗頑冥不化和仇視性的天主教會，所以才引發了基督教的分裂，當時教會正將敵視肉慾推到極限，馬丁·路德適時登高一呼，改變了世人的看法。所以我們現在就來看看現代新教的觀點。

我曾經和牧師兼作家福克·雷納（Volker Lehnert）註二五，以及他的夫人費麗西塔（Felicitas），以電子郵件的方式討論「婚姻與性」，費麗西塔也是一位婚姻諮詢師。我稱他們兩位爲思想先進的神職人員，雖然這不一定能貼切地形容他們的見解，但聽起來會有趣多了。

他們對於性愛、感官享樂以及性高潮，給予正面的評價，但他們還是把性放在個人情感和婚姻的基礎上討論。雷納認爲，性由兩部分組成，即肉體的衝動以及精神上的渴望，而這兩者都只能存在長期的固定伴侶關係中。

「兩人水乳交融，相親相愛，達到靈慾合一的境界，不只是肉體上的交歡，而是心靈相通，這才是眞正的性愛，但是必須要經過多年相處後，才能培養出這種親暱感。」註二六

如果多年的婚姻就能輕易擁有這種性愛，那麼爲什麼大多數人的性生活只有在開始時熱烈頻繁，之後卻日漸減少呢？

如果以教會的邏輯推論，原因在於他們的性行爲「並沒有眞正的水乳交融，沒有觸及對方的靈魂深處，沒有心靈相通」，因爲，「只有徹底的相知，方能眞正相互發掘深沈的

靈慾，否則，性行爲只不過是性荷爾蒙作用的結果而已。」註二七這段摘錄顯示，這種對愛情與性關係的看法，必須伴侶雙方有相同的宗教背景才有意義。

愛情需要婚姻，因爲婚姻使人產生親密感，帶來美滿的性生活。如果你不這麼做，就不懂何謂「眞愛」，也就無法擁有「基督徒式」的婚姻，沒有親密感，當然不會有美滿的性生活，更不用說任何肉體的享受了。

如果你反駁說，婚姻之外還是可以找到愛情和性愛，他們就會回答：「或許可以，但那只能算是性愛與高潮，是層次較低的性荷爾蒙作用而已。有一種更美好、更高層次的愛，但只有信仰基督教的人才能體驗到。」

如果你再反駁說，基督教的理想對多數人來說是可望而不可及的，那麼他們就會強調：

「或許我們可以這麼說：在性愛和肉體享樂的國度裡，或許你以爲自己已經達到最高境界了，但這不還算是最完美的。事實上，唯有結合愛情、忠貞和信任，才能達到感官享受的極樂世界。」註二八

你看，最高境界都還不算完美，爲了達到眞正的極樂世界，人們首先要認同那些高不

可攀的價值標準，而且還要遵守忠貞等行爲規範，但到頭來這些卻還不是真正的問題所在，因爲：

「基督教的困境並不在他的價值觀，而在人們只是虛僞地實踐這些價值觀。」[註二九]

是的，基督教的困境的確不在他的價值觀，而是在於這些價值觀的解釋空間太大，根本沒有人能達到這些標準。基督教認爲上帝的性愛法則不只信徒要遵守，更適用於每個人，這種放諸四海皆準的要求，就是構成愛情謊言的要素。

打造美滿的婚姻

現代的神職人員不再只守著教堂、教區和講壇，比起過去那些僵化、終日沈浸在聖經裡的前輩，現代的神職人員精明了許多，所以也當起了婚姻顧問。他們假科學之名，運用許多心理醫生的方法和工具，聯合許多心理醫生和治療師，大肆宣揚，爲人們帶來好消息——理想的關係是靠自己努力創造的。

桑德斯在《共同打造美滿的婚姻》一書中已經透露，伴侶可以隨心所欲地塑造他們的關係，就像鐵匠可以隨意把頑鐵打造成想要的形狀，只要伴侶不斷地努力，也能夠實現理想的關係。桑德斯雖然以書名許諾讀者美好的婚姻，但他在書中一開始卻警告讀者：

「很多人的婚姻互動不良，出現裂痕，最後以分居，甚至離婚收場。事實證明，這種作法解決不了問題，反而引起更多嚴重的後遺症：沮喪、因壓力造成的精神創傷、輕生的念頭、自殺或精神方面的疾病，如失眠、心悸和胃痛。單單分居或離婚對當事人所帶來的壓力，很明顯的就會縮短他們的壽命。」註三〇

現代的觀念已經進步多了，離婚者不會被打入地獄、被永恆的地獄之火焚燒，或被釘上刑柱了，但我們還是得敬離婚而遠之，以免身心受創，甚至縮短生命。此時幸好有人及時伸出援手，提出解決之道。

不想為婚姻失敗所苦的人，就必須努力「經營」自己的婚姻，專家當然也會立即提供相關的諮詢。伴侶需要適當的工具和方法，再加上專家的協助，夫妻兩人同心協力，就可以打造一個美滿的婚姻了。

「你們決不可離婚！」過去這是教會的禁令，今日則是心理學家的警語，而且，美滿的婚姻完全操之在我。你不相信嗎？這可是經過嚴格的科學及臨床實證檢驗過的，沒有理

由懷疑。

婚姻是上帝的試煉

「另一種克服婚姻互動不良和解決問題之道，就是要在婚姻關係中，努力自我成長，使自己更加成熟。」註三一

「如果你無法掌握自己的婚姻，那一定是你們的互動出了問題。」不可離婚的觀念又出現了，現在是隱藏在「關係和互動不良」的背後。每次只要婚姻瀕臨破裂或是稍有齟齬時，婚姻顧問馬上就斷定這關係出了問題，要立刻補救。

這種情形是可以理解的，而且也是很常見的，其實當婚姻「走到盡頭時」，在伴侶的潛意識就會故意製造這些「問題」，這樣他才能名正言順地結束關係，就像有些人會故意挑釁老闆，好讓老闆把他解雇一樣，因爲他自己不敢主動開口。

這種片面之辭，就像「婚姻是上帝的試煉」之類的說法，婚姻過去是「侍奉上帝的勞務」註三二，今天，這崇高的使命已變成「爲自我成長的付出」，或者你也可以稱之爲「勞動服務」。

我們來做個實驗，讓一對期望自我成長的伴侶接受婚姻諮詢，灌輸他們努力達成理想

關係的觀念，結果會如何呢？這兩位於六年前相識、相戀，男方一開始就毫不隱瞞地坦承，自己已經做了結紮手術，而女方起初並不在意。後來兩人結婚了，婚姻也很美滿。但是不久前，她開始拒絕和先生同房，她坦承：「我並不知道擁有自己的孩子是多麼重要啊！現在我的身體在抗拒著，如果和先生發生性行爲，會讓我覺得好像背叛了自己。」

這對伴侶的情況可以說是無藥可救，他們是在結婚多年後，才察覺兩人生命中所追求的完全不同。雖然兩人都覺得生活美滿，對性生活也很滿意，但是婚姻卻已經瀕臨破裂。他們的婚姻並沒有出問題，而是死了，就像人會死亡一樣，關係也會凋零死去。你可以想像，這兩人明明志向不合，還硬要他們「心理建設」勉強維持婚姻，這是多麼困難且沒有意義的一件事。這段岌岌可危的婚姻，或許在兩人的妥協下，勉強持續下去，他們一開始還會感謝婚姻諮詢，但是長久下來，兩人可能會悔不當初。

夫妻間只要稍有齟齬爭執，引起關係緊張或衝突，婚姻專家便立刻興致沖沖地斷定是婚姻「出了問題」。如果有人結束了一段友情，卻不會有人會認爲他們朋友之間「出了問題」，特別是在好聚好散的情況下更不會如此。

如果我們回想一下基督教「不得離婚」的教義，就能找到這種「問題婚姻」概念的源頭：爲了實現夫妻永不離異的理想，伴侶間所有的分歧一定都可以解決，所有的裂痕也都可以修補的。但是現實生活中，婚姻關係中一定會出現無法預期或控制的情況，所以其實是永恆婚姻的理想本身有問題才對。

所以，我們無論如何一定要盡力挽救婚姻，只有在多次嘗試、努力，接受婚姻諮詢，歷經痛苦、沮喪、甚至互相責難之後，仍然無法解決問題時，專家們才會聳聳肩，板起臉來斥責一番後，怨偶們方得終止這場惡夢。於是，兩人雖然分道揚鑣了，但是會被歸類爲婚姻失敗者。

性關係可以自我塑造

「美滿的性關係是要努力爭取來的。」伴侶關係出現了越來越多問題，連性吸引力和激情的消失，也都要歸咎於婚姻關係出了問題。這時專家們又拿出了科學研究的證據，假設性關係是伴侶關係不可或缺的要素，那麼性行爲次數減少，必然也事出有因。

「有一對夫妻性生活不美滿，所以一起參加婚姻諮詢，顧問要求他們互相撫摸對方，事後兩人都承認，他們害怕親近對方。如果顧問沒有要求他們這麼做的話，他們根本不知道問題的癥結在哪兒。」註三三

這又是個出了問題的婚姻，但這回的問題出在性關係上。只要夫妻任何一方對性生活

感到不滿足，那麼就是性關係出了問題。根據專家診斷，這背後一定隱藏著溝通不良或衝突的因素，只要伴侶能夠建立正確的心態，是可以解決的。

「大部分的人都在固定的伴侶關係或是婚姻中尋找美滿的性生活，但是他們卻常常會忽略，過了熱戀期或蜜月期後，美好的性生活就得靠他們自己去『努力爭取』。」註三四

不只是婚姻顧問桑德斯，還有之前提到的新教婚姻顧問雷納，他們都主張「伴侶關係和性關係是密不可分的」，由此推論，性生活不美滿一定是「其來有自」。這種觀念不僅有他們所謂的科學根據，其實還符合基督教精神，這種單向思考常見於神職人員和婚姻專家。神學家認爲：「任何事件都有其原因，性慾望的降低亦同，這個原因也需要加以探索。」註三五而科學家也附和道：「性生活之所以不美滿，主要是因爲伴侶之間感情惡化，或是衝突加劇。」註三六

對那些堅信事出必有因的顧問，或是自認了解性生活不美滿癥結所在的婚姻專家，我不禁懷疑，他們諮詢的過程會不會像是在審問犯人？他們要如何避免這種情況？這種尷尬的諮詢方式極可能出現，但卻不一定會這樣，這主要取決於他們是否一味地依照他們的信

仰行事，以及他們如何要求諮詢者在諮詢過程中配合他們，也就是說，問題主要在於婚姻顧問以哪種態度去找出性生活失調的原因。

依照教會的傳統說法，夫妻的身體是屬於配偶的，由這個相互占有對方身體的權利，可以導出一種「相互滿足性需求」的婚姻義務。隱藏在這種婚姻義務之後的想法，也就是一種性愛請求權，至今似乎也沒有改變，所以現代的夫妻可以如此主張他的權利：「如果你不跟我上床，那你就得跟我去看心理醫生，你應該努力經營我們的婚姻，還必須盡全力給我美滿的性生活」。這種強求婚姻中的性生活必須永遠美滿的心態，其實已經宣判了婚姻註定要失敗，除此之外，還隱藏著一種危機，大家變得只重視性技巧，夫妻間的情趣也將蕩然無存。因爲，一旦我們明瞭該如何運用性技巧，又可以毫不隱瞞地暢談性幻想，那我們的性需求隨時都能獲得滿足。

而那些對性愛較爲保守的夫婦們，或許這種學習而來的性技巧眞的可以帶來全新的體驗。但對其他本來就勇於嘗試或性經驗豐富的人來說，未必會對這種學習課程感興趣，因爲他們不會相信，死灰還能經由練習而復燃。這種所謂「透過學習的」或「可以塑造的」性關係頗令人懷疑，聽起來好像你可以學習如何即興行事，或是事先計畫，培養活力，甚至是自己塑造激情似的。

此外，伴侶雙方對性滿足認知的差異，其實也是個問題。桑德斯對這方面的要求似乎並不高，他認爲伴侶的性生活只要過得去，就可算是性生活協調。但現實人生中卻還有許多狀況，例如，儘管伴侶雙方非常相愛，但雙方的性需求卻完全不同，或者雙方對性生活在婚姻中的重要性，也會有不同的認知，甚至每週到底要做幾次，也會不一樣。

教會本來就不重視性生活的品質和次數多寡，他們認爲這不過是履行夫妻義務和傳宗接代的工具罷了。現代的神職人員和婚姻顧問似乎都對這種「務實的性關係」非常滿意，因爲它符合基督教反對離婚的教義，但是，我相信那些尋求幫助的夫妻應該不會就此滿足。

這類的諮詢特別適用於基督徒，他們本來就都嚮往「基督式」的婚姻，婚姻顧問倡導的婚姻理想也就是他們想達到的目標，於是大家可以一起坐下來共同爲榮耀上帝而努力經營婚姻關係。

看完神學的觀點後，接下來要探討心理學的觀點。前文提到的「性是一種社交技巧的學習過程」及「性關係可以自我塑造」等概念，其實這已經就是以心理治療的角度來處理兩性關係和性關係。

心理學家擔任婚姻顧問

許多心理醫師早就放棄教會長期伴侶關係的理想和浪漫時期的伴侶關係，他們並不相信從一而終的婚姻和天長地久的愛情。但是這不代表他們對伴侶關係的要求會較爲寬鬆，事實上，他們的要求反而更加嚴苛。因爲人人夢寐以求的理想關係，不再是仰賴上帝的庇佑或是眞心相愛就一蹴可及，而是端賴個人的努力。

現代的專家不斷諄諄教誨：

「只要用心經營伴侶關係，世界上沒有不可能的事。」

「如果已經努力過，結果還是行不通呢？」

「那就是你們不夠努力！」

這種經營長期關係的理念並不是現代心理醫生的創見，早在二〇年代，一位極負盛名的醫生提爾多．菲爾德（Theodor Hendrik van der Velde）就已經提出婚姻性愛化的觀念，以維持長久的婚姻。

「他提出上千頁的建言，教導夫妻如何維持婚姻中激情不滅，他很明白地指出，這是一種永不休止的艱苦工作。」註三七當時的人就已經有了這種觀念：唯有維持美滿的性生活，才能拯救瀕臨瓦解的婚姻制度，但正如君特・史密特（Gunter Schmidt）所說，這在當時就已經很難實現了，更何況現代社會對未婚同居的伴侶也要求同樣的標準。

激情不滅的眞相

「戀愛是伴侶關係的基礎。」

這個理想假設：兩人只要能夠墜入情網，也就一定可以建立長期的親密關係，因爲這正是精神分析學對「戀愛」所下的定義。由心理學的觀點來看，戀愛是一種人類在潛意識中選擇伴侶的方式。過了熱戀期之後，兩人的關係會逐漸轉變爲終身伴侶，激情仍會持續下去。一旦他們轉型失敗，那就只能怪自己能力不足了。

相愛的兩人不一定適合成爲終身伴侶，因爲要建立終身伴侶關係，光靠愛情是不夠的，還需要其他條件配合，單單以愛情爲基礎的關係是不穩固的，因爲它只是爲了滿足人類生理與心理上的需求。

情侶在熱戀時似乎擁有許多的共同點和互補性，但隨著日子流逝，隔閡慢慢產生，不少人只好選擇了分手。

分手後的伴侶不由得會自問，是我們分手得過於倉促？還是我們沒有盡力挽回？心理醫生不是說，只要相愛，一切都是可能的嗎？我們曾經相愛過啊！所以我們不禁要質疑，初戀時的激情眞能一直維持下去嗎？事實證明，就是因爲兩人性格上逐漸協調，所以兩人之間的性吸引力會漸漸減少，而熱情也會逐漸冷卻。

心理學家非常清楚這些現象，但是竟然還昧著良心說，只要用心經營伴侶關係，激情就不會消退，所以我們大可稱這些人是騙子。他們先灌輸我們一些遙不可及的理想，然後再創造一堆療法或建議來教我們如何去達到這些理想。因此，他們一再告誡我們，必須努力追求激情不滅的伴侶關係。

心理學家羅絲瑪利・偉特・恩德琳（Rosmarie Welter-Enderlin）憂心地指出：「大部分受訪者都把這兩種形式混爲一談，這就是爲什麼現代的兩性關係會變得如此緊繃，並且令人不安的原因。」註三八

大部分的人也的確應心理學家的要求，努力追求激情不滅的關係。激情和慾望眞的能毫不消退嗎？而這正是我們隨處可以聽到的謊言：激情消退的後面，總是隱藏著心理的病因。

「激情漸退其實就是心理障礙的徵兆。唯有去除心理障礙，我們才可能長期地維持激情的關係。」這是一位擅長心理分析，但不願署名的資深婚姻顧問所說的。個人心理情結和伴侶之間的問題常常是由移情作用與亂倫禁忌所造成的，如果能夠徹底解決這些問題，那麼激情就能長期維持下去。

這種心理分析療法的理論基礎是，人們將禁止與雙親和手足發生性關係的近親亂倫禁忌，轉移到伴侶身上，才會造成夫妻終止親密關係，這是因爲彼此太親近或是太熟悉了，伴侶關係要擺脫的就是這種禁令的束縛。

由此推論，只有內心完全自由，沒有心理障礙的人才能擺脫雙親和手足的陰影，只不過，這種內心的自由必須透過心理建設才能獲得。聽起來不錯吧！但是，這種見解的前提是，必須眞有「完全自由的人」的存在，只是，到底何謂內心自由、沒有心理障礙的伴侶呢？現實生活中眞有這樣的伴侶存在嗎？哪一種療法能夠造就出這樣的人呢？哪種心理分析治療能夠實現激情不滅的理想關係呢？這一切都只是婚姻諮詢的烏托邦，一個無法實現的謊言。

有些人在接受諮詢後，的確又重新拾回了以往對性的渴求（感謝心理醫生精湛的醫術）。但是，既然這個人已經消除所有的心理障礙，又超越了所有道德和感情的界限，他爲什麼一定要重返伴侶身邊以滿足性需求？他又爲什麼只能找自己的伴侶來宣洩性慾呢？婚姻顧問當然希望，所有接受過諮詢的人都會把性關係納入原來的婚姻關係中，因爲他們的婚姻正迫切需要性生活，而對婚姻顧問來說，性愛的目的就是在鞏固伴侶關係。

伴侶之間的親密關係

「性生活協調才能擁有美滿的婚姻。」

著名的英國家庭顧問羅賓·史凱納（Robin Skynner）在著作《如何建立美滿的家庭》（Famillie sein dagegen sehr）中，在描述孩童的性別認同時提到：「性是美滿婚姻的重要條件，如果父母的婚姻生活美滿，性生活自然就會協調，孩子也會感受到這種愉快的氣氛。」註三九。當然，我們不得不附和這種說法，你說得對極了，史凱納先生，如果所有的孩童都能感受到父母對異性的欣賞，那就太棒了。只是這種欣賞是否只限於另一半或固定伴侶，我們就不得而知了。

史凱納是位傑出的家庭顧問，在此我要推薦他的作品給普天下的父母，他的作品幽默風趣而且內容充實。只是他在書中特別強調「美滿性生活」的重要性，但卻沒有說明要如何達到，所以助益不大。對此，史凱納也沒有特別的訣竅，他自己也心知肚明，正如他在書中和約翰·克理斯（John Cleese）聊到高離婚率時的評語：「既然我們也是其中一對，我們就該收斂點，別大肆批評。」註四〇

可惜我們在心理學界很少能看到這類大快人心的自我嘲諷。大部份的心理醫生都是自信滿滿，他們的理想訂得和神學家一樣高不可攀，而且在這方面，他們和上帝的信徒差不多死板，無論任何現象，例如外遇，他們都照樣能套上高深的理論加以解釋。

「如果伴侶有外遇，表示兩人的親密關係出了問題。」

婚姻顧問通常把外遇歸咎於伴侶間的親密感和信任感出了問題，例如，恩德琳主張，如果伴侶發生婚外情，就代表他們的關係必須作適度的調整。背叛伴侶的人是因爲不安於室，無法把持自己，所以才會發生婚外情，他想在別處尋找自由，一個他無須面對自己內在恐懼的地方。事實上的確有這種情形，而且適度改變關係也的確有所幫助，例如建立自信以改善關係。但是，這樣的見解卻暗示著，這種伴侶關係的改變，似乎能自動喚醒沈睡中的慾望，因爲這正是一個人「生命中尚未被開發的部份」。

「我認爲，如果伴侶雙方能夠慢慢了解，這種早就該出現的轉變到底意味著什麼，他

們或許就能拋開婚姻的理想和日常瑣事，發掘出那些一直被壓抑的『生命中尚未被開發的部份』，而且能夠好好利用並發展這個部份。我也認爲，這種發展有助於他們共同生活，但前提是，他們必須繼續持久相處下去，不要迷失在新的關係中。」註四一

這聽起來還蠻不錯：發現伴侶外遇，正是找出對方爲何不忠的最佳時機，然後激情就可以成功地維持下去了，例如，自己表達關心的方式錯誤，或是兩人日常生活習慣的差異，可能都是原因。如果外遇發生，又能找出問題癥結，此時只要兩人繼續在一起，不再向外發展，激情就會復燃了。

專家推薦上述的方法，不外是關閉自己的感官，或是降低自己的慾望，我們甚至可以惡意地把這種方法稱之爲「美化」自己的伴侶，就像把自己灌醉，伴侶自然就變漂亮了。俗話說：「無魚蝦也好」，所以我們就只好將就著和自己的伴侶上床，反正也沒有其他的選擇了。

不忠，當然還有其他的原因，這些原因日後也會慢慢浮現。無論如何，伴侶就是得忍受外遇或是精神上的不忠。雖說另一半有了外遇，就該改變伴侶關係，但是改變並不是一定要延續這段關係或是改善性關係，他們也可能選擇結束這段關係，或是放棄性生活，或是其他不同的可能性。

這些心理醫生的信念其實會帶來危險，因爲他們所希望或相信的，就是他們所提供的婚姻諮詢或心理治療的基礎，所以他們對求助者提出的要求可能會過於嚴苛，或是誤導對方。因爲要建立完美的伴侶關係，光靠親密關係是不夠的，我們必須更加「努力」，例如獨立自主就是另一個要件。

「獨立自主的伴侶有可能長期維持激情。」

心理醫生的信念又爲天下男男女女帶來無限希望，如下列的摘錄所示：

「我確信，只有本質相似、勢均力敵的伴侶，才能長期維持親密關係中激情的性生活。換句話說，一個凡事獨立自主的人與伴侶相處時，就不會恐懼被利用或被吞噬，能夠使自己再度融入性的結合中。」註四二

這種絕對的說詞又向大家做了許多承諾，只要能獨立自主，那你們又可以再度享受美滿的性生活了。他們所傳播的福音就是：伴侶們，你們可以重拾激情的性生活了！只要消除內心的恐懼就行了。這種充滿自信的言論可以視爲一種愛情的謊言，雖然大家滿心歡喜的接受了這種論調，卻不能保證有朝一日能夠實現，甚至還有證據顯示，激情和慾望並不僅僅因爲獨立自主就能產生，而是源自心理的衝突。作出這種承諾的心理醫生其實只是爲

了明哲保身，因爲如果伴侶沒有成功地「再度融入性的結合中」，只能怪自己不夠獨立自主。

另外再補充一點，心理醫生主張的「追求自我」與神學家的「兩人合而爲一」正好相反，不過兩者卻殊途同歸，都是要維持長期關係中的激情，只是其中一種以追求自我的方式，另一種則是藉著摒棄自我來達成。

他們還強調，只有能夠獨立生活的人，才有能力在伴侶關係中獲得自主。這種論調，不僅太過專斷，而且也不夠精確。因爲很多人可以獨立生活，但卻很難與人相處。需要伴侶的人，不可能是完全獨立的。他的獨立自主不可避免地受限於對伴侶的依賴性，否則他根本就不會在乎伴侶關係。所以，只要伴侶關係存在一天，他就一直陷在獨立自主和依賴性的矛盾中而找不到出路。而且，這種所謂獨立的人格也無法解決這種兩難的困境，我們到底該和伴侶親近還是要保持距離呢？因此，一種可以讓人在親密與保持距離間任意遨遊，但又無損伴侶關係的方法，事實上並不存在。

一旦我們相信了心理醫生的說詞，我們就得馬上開始培養獨立自主的人格，當然這是件好事，我們也獲益良多，因爲獨立的人的確不會被利用也不會被剝削，這絕對有益於伴侶關係。但是性慾是否會因此而繼續持續下去或是死灰復燃，就頗令人懷疑了。再說，爲什麼這類獨立的人的性關係就會局限在婚姻中呢？爲什麼偏偏他就是那個會對伴侶忠實的人呢？他又爲什麼會期待另一半也必須對他忠實呢？這些匪夷所思的理論，大概只有提出這種創見的人才能解釋吧！

由此可知，心理學家的理論不過是出自他們的想像、信念或自己的經驗，但是這些還是無法一網打盡現代各式各樣的伴侶關係。根據我的臨床經驗，很多人都在瞭解自己和伴侶結合的目的後，就不會把性關係看的太重，兩人之間緊繃的氣氛也就逐漸消失了。事過境遷後，他們會說：「我們並不是爲了性而結合的，我們的婚姻也不是靠性愛來維繫，生活中還有其他的目標，使我們繼續生活在一起。」[註四三]

但是我們也不能全盤否認恩德琳的理論，如果某些人眞的還保有那些「生命中尙未開發的部份」，或者某些伴侶是因爲心理障礙或爭執，導致性生活失調，或者是那些心裡還深藏著未開發的激情的人，這些人倒還眞的有機會，再度喚回已經沈寂多時的性生活。

因爲許多伴侶相當缺乏經驗，「又對男女在性反應上的差異一無所知」[註四四]，所以我們幾乎可以假設，若干伴侶的性生活還眞的留有一些可以開發的部份。經過我的諮詢後，有些患者就眞的在歷經五年早洩後，終於能夠更爲持久，而再度享受到性的樂趣。像這種情況，心理治療確實能有幫助。

但是那些既沒有心理障礙，卻又無法重拾激情的人該怎麼辦？也就是那些已經將性行爲發揮到極致的人們，誰來提供他們青春之泉，尋回昔日的激情呢？那些心理醫生眞能夠診斷出所謂衝突的根源？他們眞能挖掘出慾望消失的原因嗎？

「性慾常常是被掩埋在最深處，你只要把它挖掘出來即可。」

現在出現「掩埋」理論了，也就是說，因爲兩人個性不合，所以伴侶關係經過多年的衝突和誤解，熱情的火焰也因此蒙上一層厚厚的灰塵而漸漸熄滅，這又是個激情不再的原因。但是火焰並沒有被完全熄滅，而是掩埋在厚厚一層由憤怒、爭執、失望、沮喪所堆積成的塵埃下，慾望之火在最底層悶燒，靜靜地等待新鮮空氣再度流通，所以你只需要掃除這層灰，那麼一切就會恢復原狀，就像全新的一樣。

聽起來似乎合情合理，但卻完美得不像眞的。掩埋的比喻並不是很恰當，事實上火苗在厚厚的灰塵下的確還在悶燒，但是掃去灰塵後，你會發現火苗撐不了多久就會熄滅了。如果你沒有添加新柴的話，縱使用盡天下的空氣，火苗還是不會繼續燃燒的。但是哪來的新木柴呢？看來大家都要有取之不盡用之不竭的庫存才行。但是你眞的相信只要有渴望就能點燃激情之火嗎？

至此我們可以看到，心理醫生大多把什麼「未開發的生命」，或是「尚待發現的激情」，或是「遭到掩埋的火焰」掛在嘴邊。為了發掘這些「資源」，心理學家只好建議一些技巧，這點我將在「技巧的謊言」的章節中加以說明。無論如何，我們現在討論的是治療的方法，而不是事實的眞相。渴望和慾望不會因爲技巧或專家的建議而有所改變，所以大部份的人也很難實現心理醫生善意提供的協助。恰恰相反，心理醫生常設定高不可攀的標準，這些標準在現實生活中根本很難達到，同時也是不合情理的。最後他們只會對婚姻諮詢感到失望，甚至自我懷疑。

性的全新闡釋——性學

心理醫生無法掩飾他們對於性知識的貧乏，只好賦予「性」一個全新的定義。此外，他們還引用性學來支持自己的論點。性學是一門很新的學科，開始於二〇年代，二次世界大戰後才開始蓬勃發展。在此我要深入說明性學的一個概念，也就是前文已經提到的「性是一種社交行爲」。正因爲心理醫生時常引用這概念，而且還時常套用到他們的理念中，所以值得我們深入觀察。

「性是一種社交活動，可以讓兩性親密結合。」

我們很難駁斥上述的說法，性創造了伴侶關係，但同時又需要伴侶關係，沒有感情的性行為比起靈肉合一的性行為較沒有滿足感。沒有將情感投入性行為的人，會逐漸發展出一種近乎制約式的性行為，他雖會下意識地尋找情感，但是卻不得其法。

性學家很理所當然地把性當作兩性結合的工具，而且認為這種結合是一種長期的關係，也就是終身伴侶關係，他們這種做法可說是一種大膽的嘗試，但卻非不尋常，我們從下列瑞士婚姻治療師約格．威利（Jurg Willi）的說法，就可稍見端倪。

「對年輕男女而言，性愛中最重要的是感情、溫柔和情感的聯繫。性行為不僅是單純地發洩慾望獲得快感，而是伴侶自我表達感情的方式，藉著身體的接觸來證明彼此的情感。」註四五

所以伴侶要有活躍的性生活，以加強他們兩人相屬的事實，就像鸛互相啄喙來宣告他們的伴侶關係一樣，而人類也透過性行為來確認他們之間的關係。

君特．史密特的調查證實了對伴侶忠貞的觀念又再度流行，但同時，離婚的比率也日

漸增高。年輕一代雖然會保持忠貞，但是更換伴侶的速度也很快，這點顯然與性可以鞏固伴侶關係的論點互相矛盾，因爲性就是他們更換伴侶的原因。

心理醫生的解釋賦予性一個全新的任務，但是這種用性行爲來維繫伴侶關係的觀念卻是錯誤的。

「性快要成爲人與人之間的溝通工具了，現代有效的避孕工具正是最大功臣，但是激情、慾念、貪婪、眞愛，這些我們一向和性愛等同重視，又賦予性愛特別滋味的因素，不再被放到這個溝通工具之中，但這又有誰在乎呢？」註四六

但是性學家不費吹灰之力就爲性下了全新的定義，請看以下的摘錄：

「性愛不只表達出人類身心的基本需求，更必須在伴侶關係中滿足這些需求，只有如此，性愛才能將其潛在的力量發揮到極致，也可以長久維持下去。在伴侶關係中，爲了維繫愛情，透過不斷的努力而滋生的親密感，以及互相接納和坦率等，凡此種種，都需要適當地經由身體表達出來，而透過學習法則，這種表白更能將活力注入伴侶關係中，更充實它的內涵。」註四七

根據上述摘錄的理論，證明了幾千年來一直存在的婚外性行爲是個歷史上天大的錯

誤。妓女、情婦、姬妾都是多餘的，還有現代的外遇、婚外情、自慰也都沒有必要。因爲愛情是不斷努力爭取來的，只要我們善用「以身表白」的技巧。

幸好我們現在可以更正這個錯誤，這都要歸功於學習法則和性愛的社交功能，還有可以促進兩性結合的性行爲。性學家有時也會懷疑他們開出的萬靈丹，於是只好解釋說：「在理想與現實之間，還是有些問題存在。」註四八

事實上，把性關係局限在固定關係會造成一個很嚴重的問題，因爲，如果性是種社交行爲的理論是合理的，那爲什麼一夜情就該被排除在外呢？難道這不算社交嗎？難道那兒容不下感情？最重要的是：社交的對象只能限於一個人嗎？

專家的粉飾之詞

「性愛不只表達出人類身心的基本需求，更必須在伴侶關係中滿足這些需求，只有如此，性愛才能將其潛在的力量發揮到極致，也可以長久維持下去。在伴侶關係中，爲了維繫愛情，透過不斷的努力而滋生的親密感，以及互相接納和坦率等，凡此種種，都需要適當地經由身體表達出來，而透過學習法則，這種表白更能將活力回饋到伴侶關係中，更充實它的內涵。」

伴侶關係中完美、健康又長久的性愛，在這裡指的當然是一般普通的伴侶關係。那些無法體驗這種完美的性愛關係的人，或者達不到這個目標，那他就是不懂社交的技巧。

心理醫生樂意採用這種性學理論，而且還洋洋得意，因爲以這種觀點爲基礎，幾乎所有的問題都能迎刃而解。這眞是一門振奮人心的學問，普天下的情侶期盼已久，而且把希望全都寄託在它身上。只是這門科學被過度渲染美化了（並不是第一次），他們甚至還陶醉其中：

「只要重新去思考這種性愛的社交內涵，並將之融入伴侶關係中，就能創造出一個必要的空間，讓慾望、激情、迄今令人失望的『性技巧』，以及個人的特殊癖好與方法，得以長期地『保存』下去。」註四九

何謂「重新思考」？難道過去曾經有這樣的情形存在嗎？難道我們沒有發覺，專家們只是想賦予性另一層新的意義？這種對性的全新闡釋難道不是一種過分的要求嗎？這時，專家又有點不確定了，但是，這一點疑惑當然是在經過科學方法的深思熟慮之後提出的：

「我們不可忽略一點，過去部落歷史和發展過程皆可證明，性關係的結構與功能，都遠比專家的理論和模式來的多樣化。尤其，人類是無法『壓抑』性慾的。」註五〇

但是，壓抑性慾正是心理醫生的目標，他們竭盡所能地要求我們這麼做，只有神學家才能夠比較輕鬆的宣導這種觀念。

在婚姻諮詢時，性的「多樣化功能」和「部落的歷史」扮演何種角色呢？答案是，完全沒有。可惜婚姻顧問必須將這種無法控制的、原始的、野性的觀點排除在外，對心理醫生來說，這些觀點都是不受歡迎的，更是「不成熟」的。只要我們細心觀察，實在不難發現專家的這些作爲。

心理治療隱含的意識形態

「從婚姻諮詢的規劃看來，他們似乎很少把治療過程與動態的要素，即性關係，結合在一起，反倒是靜態的要素，即伴侶關係，卻一直受到重視。」註五一

其實，連那些婚姻顧問用來爲支持自己論點的性學，都不能保持中立的立場。

「性學家是否自始至終只在模糊那些有關性的尖銳問題？他們只是把性解釋成可以透視、規劃並且掌控行爲，以解除人們的危機感。」註五二

婚姻諮詢和性學其實都固執己見，只在追求自己設定的目標。依照他們的說法，性關係必須隸屬於婚姻關係，而且還要融入終身伴侶關係中，是需要經營、用心維護的，而且

還要滿足另一半的渴望和需求。但是，激情可能會消失這個問題，我們卻不准去深思，而且也不可以質疑他們提出的超高標準。

性關係就是影響伴侶關係是否能夠維持的關鍵，這種說法不再只是神學的問題，而是一種心理治療上的謬誤。我們都必須認清，他們那些壓抑性愛的主張，以及否認性與伴侶關係之間存有矛盾的說法。他們應該知道，即使每種治療模式都有其科學根據和一些實用或有益的理論，但不可諱言的，也都包含不少類似信仰的教條在內，任何治療方法其實都有其背後的意識形態。

對於需要幫助的伴侶而言，最重要的就是要找到和他們有著類似信念的治療師。如果雙方都擁有相同的道德觀和意識形態，不妨試試看。老實說，除了那些經過試驗後所意外得到的成果，無論是好是壞，我們都無法再期望更多。

「伴侶關係能夠加深性經驗。」

不只是心理學家和性學家從事這方面研究，同時還有其他領域的學者。但是，性學之外的其他學科，卻因爲不同的研究領域和多樣化的學術理論，在此我無法一一描述他們對性與伴侶關係的研究。這裡僅以哥廷根的神經生物學家傑拉德・許特（Gerald Huether）

爲例，我們就能證明，即使其他學科對此問題的研究，也未必是中立的，他們也都是由自己特殊的理念爲出發點。所以，他們其實也都是愛情謊言的信徒。許特認爲：

「所有的男人都感覺到，男人的世界不過是半個世界而已，就如同所有的女人都察覺，她們缺少了另一半。所以兩性都本能的在尋找另一半，而不是短暫的性滿足，這種男女關係是可以越來越深刻的。」註五三

乍看之下，這是合情合理又非常誘人的說法，但仔細研究後我們就會開始質疑。許特提到長期關係的互補作用，這點是毋庸置疑的，即使我們不太能夠體會，爲什麼男人和女人僅擁有「半個世界」，是不是男女間有著不同行爲模式的性別特性或是人格特性，兩者會在伴侶關係中融合呢？

奇怪的是，互補作用本是許多長期關係的特性，但在這裡卻被拿來和短暫的性衝動相提並論，其中一項是「短暫的」，另一項卻是「越來越深刻」，這種比較不是很有意義。性衝動可在長期關係中出現，或是長期關係之外發生，根本不能互相比較，所以我們也沒必要貶低性衝動，在此我們又能感覺到終身伴侶關係被理想化了，這次是隱藏在神經生物學之下。

媒體的推波助瀾

「正常的伴侶都定期『行房』。」

這些苦於激情消失的伴侶不外乎求助於心理學家、治療師、神學家或學者，幾乎所有的專家都一致認爲，激情消失的情況都是可以避免的，而且每個專家都會開出獨門秘方來解決這個「問題」。但是，若不是媒體在一旁推波助瀾的話，其實專家對伴侶關係也不會發揮這麼大的影響力。

不久前我才從朋友那兒得知，媒體如何成功地傳播，理想的兩性關係是可以實現的福音，還有那些所謂正常關係的統計數字。我這個朋友今年三十六歲，他很沮喪地告訴我，他的性慾正逐漸消失，在結婚四年後，他和太太一個星期頂多只行房一次，而他太太爲此煩惱不已，現在連他也同樣地憂心。我安慰他說，一星期一次算是正常的。他聽了之後鬆了一口氣，因爲他本來以爲，「別人一個星期都做三、四次。」他從哪兒聽來這種錯誤的數字和平均數字？他強調是從雜誌和書上看來的。

我這個朋友大概也讀到了知名的性學家海倫・卡普蘭（Helen Kaplan）的著作。她在《治療性渴望的問題》（Sexualtherapie bei Storungen des sexuellen Verlangens）一書中提到，如果五十五歲以下的人兩個星期行房次數少於一次，算是「頻率太少，屬於不正常」，但她又指出這結論只是針對「統計和研究目的」，另外並強調，在DSM IV（一種醫生診斷手冊）中記載，除了次數外，還要出現「明顯的痛苦和人際關係問題」才算是不正常，否則這診斷便是無的放矢。

卡普蘭女士啊，這正合妳意！妳首先以統計數字來定義何謂正常，然後在書中或報章雜誌上散佈這觀念。結果很多長期伴侶就開始覺得自己是不正常的，並且爲此所苦，因爲他們兩個星期做不到一次，很多人都是一個月或一年才做一次，甚至是根本不做了。一旦他們開始覺得自己有病，專家就可以堂而皇之地套用DSM IV來做出診斷，然後再名正言順地治療他們。

被診斷爲有「性渴望的問題」的人，自然而然就會產生專家所要求的「明顯的痛苦」和「人際關係問題」。就這樣，一旦大家把激情消退的伴侶關係看作不正常，痛苦自然就會隨之而來，因爲無論任何人看到這報導，都不免要自我懷疑，畢竟，誰想當個「不正常」的人呢？這時，威而剛就是他們最好的選擇！

人們對性的渴望被炒作成賺錢的熱門話題。我們可以想像，短短幾年內，數萬個退休的人就都會湧進診所，因為心理醫生、學者、媒體時時刻刻都在提醒他們，年紀大的人無須停止性生活，年紀大的人絕對不要懼怕建立伴侶關係。現在他們開始渴望性慾，並期望治療能夠幫他們再譜第二春。

你覺得誇張嗎？「明鏡」週刊報導：「老年人早已開始行動了，例如在陽光普照的佛羅里達州老人社區，連七十二歲的性學家露絲・威絲海莫（Ruth Westheimer）也來了，她呼籲年長的女士，去健身房時，可別忘了鍛鍊陰道肌肉喔！」註五四

這眞是性啓蒙的一大成就，而這一切都要歸功於媒體。

伴侶關係和性渴望之間的矛盾

另外有些心理學家和性學家也研究了性關係與伴侶關係之間的關連性，其結論卻和主流派的專家正好相反，他們證實了長期關係中的激情確實會逐漸消退註五五。他們的研究證明，激情的高低取決於兩人生疏的程度。「一項對英國人所作的大規模調查顯示，伴侶性活動的頻率隨著關係長久而降低的程度，遠比年紀增長來的大。」註五六

關係理論對此做了學術性的解釋，這個理論區分出成兩種不同形式的關係，其中一種是建立在熟悉感的孩童關係，另一種則是追求陌生感的性吸引力。根據這種理論，青春期

的性好奇幫助青少年脫離與父母之間的孩童關係，另一方面對陌生人的性渴望，則是幫助他們擺脫熟悉感。根據這種理論，性的任務並不是鞏固人們習以爲常的伴侶關係，相反地，卻是要幫助人們脫離伴侶關係。關係理論推衍出以下的結論：

「伴侶關係和性一向是彼此對立的，所以人類要求性生活永遠美滿的長期關係，其實是自相矛盾的，還有一個論點也支持這個假設，也就是較無約束力的伴侶關係（同居VS婚姻），其性生活通常比較活躍。」註五七

同居伴侶比較常「行房」，這是個非常有趣的觀點。他們一起生活，但是少了婚姻契約的外在約束，所以內在也較無羈絆。他們是自由之身，同時內心也較無拘束，這些都對他們的性生活有正面的影響。或許他們比較缺乏安全感，所以性便成了他們彼此結合的一種儀式。兩人之間的距離加深了對彼此的渴望，因爲人只有在無法擁有、無法佔有對方時，才會對他產生渴望之情。

不少心理學家一定會對此深表贊同，並表示這正支持了他們的理論，也就是獨立自主的人較能擁有激情，這就是解答。即使有婚姻契約存在，但是只要能保持獨立自主，對大部份的伴侶還是有所幫助的，沒錯，如果真能保持獨立自主的話。根據這假設，我們是不

是乾脆用催眠術把已婚這回事忘得一乾二淨算了？還是只要把結婚證書藏在抽屜就夠了？無論如何，看來我們只要熟練這個技巧，已婚的人還要保持未婚的心態，婚姻就一定能保有活躍的性生活了。

激情背後的問題

「激情甚至能鞏固終身伴侶關係。」

根據關係理論，要產生渴望就必須遠離習慣性和安全感，而且過度的親密感和熟悉感也會降低對伴侶的性慾。

這樣的結論，其實也已經得到若干科學研究的證實，由此可知，心理學家的主張根本都是荒謬不實的言論，像什麼激情不僅是伴侶愛情的基礎，必須一直持續不減，而且還要「不斷重新點燃愛情的火花」，就像本書開始引述的美國心理學家所建議的一樣。

他們宣稱：「性激情是伴侶關係的原動力和萬靈丹。」這眞是將激情美化得淋漓盡致。伴侶關係中最困難的正巧是維持激情，而現在卻變成維繫長期關係的關鍵，眞是再荒謬不過了。

伴侶幾年來互相扶持，共同處理生活中無數的雜務，互相傾訴心事煩憂，兩人越來越親近，逐漸適應對方，彼此也越來越熟悉。他們盡其所能地建立伴侶間的認同感和雙方的關係，但是只有在性生活上，他們應該要保持陌生，才能夠不斷感受到對彼此的渴望。但是，兩人之間的熟悉感卻會降低慾望，即使不是突然消失，慾望大部份是緩慢地消退的，它可能持續幾年或是很多年，一直到兩人最後痛苦地察覺，慾望已經消失殆盡了。

在當紅電視影集「凡夫俗妻妙寶貝」（Eine schrecklich nette Familie）中，「性」是邦迪夫婦艾爾（Al Bundy）和珮姬（Peg Bundy）兩人之間長久以來爭執的話題，其中一集非常有趣，艾爾和朋友去夜總會玩，他在那兒遇見一位披著面紗的肚皮舞孃，艾爾深受吸引並且瘋狂地迷戀她，他幻想著，如果能和她上床，該有多好！這位美麗的陌生女子開始引誘他，溫柔而且渴望地親吻他的脖子和肩膀，艾爾興奮地顫抖，被她迷的神魂顛倒。接著，這位肚皮舞孃揭開面紗，而她竟然就是艾爾的老婆珮姬，他震驚得目瞪口呆，滿腔熱情頓時消失得無影無蹤，慾望也降到了冰點。

性學專家會興奮地大叫：「沒錯，就是這樣！這正是我們的理論最好的證明，性其實是在腦袋裡進行的，大腦是最主要的性器官！如果艾爾沒有發現那肚皮舞孃就是他太太，他們兩人早就上床，翻雲覆雨一番，體驗到前所未有的激情了。」

或許大腦眞是最重要的性器官，但是又如何？艾爾怎樣才能避免認出他太太？如果他還是從她的氣味、舉止、肌膚、身體和聲音中認出他的太太，我們該如何去改變自己情感、生理、心理和精神上的反應？給他下藥或洗腦嗎？

你可以隨心所欲地解釋這個現象，但是伴侶關係和性依舊是互相對立的，每個人在伴侶關係中遲早都會察覺到這種矛盾。

「固定伴侶關係和激情的性關係無法並存，這其實只是迷思。」

不可否認地，固定關係和性渴望是互相對立的，婚姻顧問和治療師如何處理這個問題呢？他們採取折衷的辦法，從兩者中各擷取一部份，合成爲「固定的激情」，或是「激情的結合」之類的。

這方法未免過於粗糙，聽起來不太合理。你直接從兩種對立的概念擷取部份，合成一種新的概念，然後就說這是伴侶必須透過學習才能達到的目標。以此類推，上述的「固定的激情」或是「激情的結合」，就這麼被演繹出來了，這眞是邏輯推理的一大成就！那麼要如何將這些概念付諸實行呢？很簡單，只需要「努力爭取」或「身體力行」就解決了。

如果這理想眞的實現了，那就可以宣稱「固定伴侶關係和激情的性關係無法並存，其實只是迷思。」註五八或是口語一點地說：「性在婚姻生活中雖不是什麼值得大驚小怪的事，但也不該令人覺得枯燥無味或無聊。」註五九眞的嗎？那爲什麼這種事還是會發生呢？而且還處處可見，就如同德國漢堡的性學家君特・史密特所說：「經過幾十年後還能享受熱戀期的激情性愛？世界上根本沒有這種親密和諧的伴侶關係。」註六〇

少數專家雖然承認激情可能會消退，但是他們已經找出問題癥結，一旦我們相信他們的說法，他們馬上就會提出一大串解決之道，不是要我們克服伴侶關係的衝突，並且維持和諧的關係，不然就是反其道而行，要我們維持陌生感。事實上這方法可能奏效，但只有在性生活不協調的原因在於無法解決的衝突，或兩人過度親密或成天膩在一起的情況下。只是這些情形不能拖太久，否則就眞的覆水難收了。

試圖要在伴侶關係中同時保存熟悉感和陌生感的優點，是非常辛苦的一件事，就如恩德琳所說：「我最近深刻地體會到，愛侶要白頭偕老，擁有美滿的性生活並且常保新鮮感，最重要前提就是要有成熟的情感。這聽起來很容易，但做起來卻很難。」註六一

沒錯，長期保持親近但疏遠，彼此熟悉但卻又陌生，這的確很難做到，但或許也不是不可能。不過，即使這眞的對伴侶雙方是最理想的，而問題是，一旦這麼做了，他們的關係又是否眞能如此維持下去。

將伴侶關係視爲獨立個體

對於伴侶關係中性行爲漸減的「問題」，婚姻顧問似乎忽略了還有其他原因，或是有意把它們排除在外，甚至否認它們的存在。但事實上還有其他理由可以解釋性行爲減少的現象。

漢堡的性學家凱思汀．凡．希朵（Kerstin von Sydow）說道：「婚姻品質如同數學上的『並向量』（Dyade），個人在這段關係展現的特質無法延續到下一段關係中。」註六二也就是說，婚姻品質並不是取決於伴侶其中一人，而是兩人共同創造的。

我們可以進一步延伸解釋，因爲伴侶關係並不是單純由兩人主觀意識組成，主要是結合兩種人格的潛意識所構成註六三，所以根據邏輯推理：性愛品質也像數學上的並向量，是由兩種人格中，無法控制的部份共同組成的。

由此可知，激情存在與否完全取決於伴侶關係，所以伴侶無法單獨或是聯手去改變它。伴侶不能決定，他們關係中的性生活要維持多久，或是次數要多頻繁，他們也無法決定，性生活對他們的關係到底重不重要，或是有多重要。

從伴侶關係爲獨立個體的觀點看來，同樣地，伴侶也無法決定他們的關係會發展成性伴侶關係或終身伴侶關係，或者如何將這兩種關係結合在一起。畢竟伴侶本身沒有辦法打造共同的生涯規劃和夢想，或是培養共同的興趣。生涯規劃人人都有，但卻不能隨意改變。夢想人人都有，但也不能隨意打造。

性生活完全仰賴伴侶關係，伴侶本身無能爲力，這種想法非常有趣，但是一定有很多婚姻顧問對此無法苟同，因爲如此一來，伴侶關係就沒有多少「改造」的空間了，「努力經營」性關係是否眞能奏效，也只能靠運氣了。除非婚姻顧問能夠擔保，他們眞有辦法影響人類的潛意識，以及由此而生的伴侶關係，而且保證能讓大家夙願得償，塑造出理想的關係。

然而事與願違，即使專家使出渾身解數，運用所有的治療技巧，也無法實現他們的諾言，但是他們還是不肯放棄，堅稱這理想是可能實現的。許多專家枉顧現實，仍然信誓旦旦地宣稱，兩人之間的熟悉感會隨著時間逐漸加深。但是很多人離婚後的說詞卻恰恰相反，他們說婚姻之所以失敗是習慣使然，或者，僅僅是因爲婚姻走到了盡頭。如果長期關係會自然培養出更深刻的感情和歸屬感，那麼，幾十萬對離婚的夫婦，年齡主要介於四十到五十歲之間，他們都和伴侶共同生活了二十多年，這又該做何解釋呢？

在長期關係中，兩人的感情有沒有可能會隨著時間的流逝而逐漸轉淡，而不是漸深？

過了幾年後，兩人之間除了我們前面提到的互補之外，會不會反倒凸顯出兩人的差距，例如個性不合、格格不入的生活方式，或是迥異的生涯規劃？萬一兩人的隔閡日益增大，而共同點卻日漸減少呢？有時，夫妻倆明明深愛著對方，結果卻分道揚鑣了，只因為兩人各自追求不同的工作目標和人生方向。有一首英文流行歌曲「Love sometimes an't enough」就形容得很貼切，愛情有時是不夠的。

相信長期關係自然就能培養出深刻情感的人，一定會譴責打算離婚或是已經離婚的人是犯了大錯或是徹底地失敗了。但是他卻忽略了，伴侶關係本身也會隨著時間而產生變化。

「激情的愛戀無法持久，但是在人們自我調適，使它變成婚姻中的愛情後，也還是可能無法繼續下去，所以離婚並不是糾正錯誤的方法，而是為一段感情劃下句點。」註六四

事實上，那些宣揚愛情和伴侶關係可以自己塑造的專家，不過是在苟延殘喘地捍衛著市民階級和浪漫時期的愛情理想，這種想法早已落伍了。能從這些專家身上受益的，只有那些因為心理障礙而導致性生活不協調的人，至於那些沒有心理障礙的人，只會嘲笑這些

專家，而那些同時擁有婚姻性生活和婚外情的人，更是對他們不屑一顧。

在此，我們可以確定，終身伴侶關係並不一定得包含性關係，激情的消退，甚至性生活完全停頓，都是正常現象，因為，性與激情不是評斷終身伴侶關係好壞的標準，終身伴侶關係也不需要性生活來證明它的價值。

終身伴侶關係的保護層

伴侶關係的發展反映出一些非常有趣的社會和歷史現象，何勒．先克（Herrad Schenk）在她傑出的著作《自由戀愛——同居》中註六五有詳盡的說明。她確信在選擇伴侶時，感情和性都扮演決定性的角色，在婚姻中也是如此。所以婚姻的重要性逐漸降低，這種情形一直持續到今日，我們可以宣稱，「是愛情毀滅了婚姻制度」。

自從人們開始相信，伴侶彼此間應該要相親相愛、激情不減，所以他們就一個接一個地更換伴侶，傳統的婚姻（決不能離婚）幾乎瓦解。我們何不直接關起大門，將激情鎖在門外，這樣不就能保護終身伴侶關係，並長久維持下去？我甚至提議：「激情的性生活逐漸消退，或者甚至完全消失，但長期關係卻因此得以長存。」

這不失為激情漸退所帶來的正面意義。在長期關係中尋求性冒險和感官刺激，畢竟是個嚴苛的要求，只要我們看看，現實生活中到底有多少人的長期關係還能維持激情的，我們將會感到非常欣慰。

終身伴侶關係所追逐的是自己的目標與理想，終身伴侶是親密愛人，同時也是至交好友，彼此互相扶持，爲對方設想，會關懷地問對方：「今天過得如何呀？」或者「你在煩惱些什麼？」他們追求的是和諧和親暱感。反之，性伴侶則是追求一時的激情，是以自我爲中心去追求性吸引力和疏離感。長遠看來，這兩種極端的伴侶關係是互不相容的。

激情就像一匹狂野不羈又難以捉摸的野馬，而終身伴侶關係卻是一輛平穩行駛的馬車，如果勉強用這匹馬去拖那輛車，其結果就不難想像了，這關係必定會破裂，因爲終身伴侶熬不過長期互相折磨的痛苦，而要求激情就是這種痛苦的罪魁禍首。許多心理學家將激情不再的原因歸咎於伴侶互相傷害和爭執衝突，但是這些傷害或衝突只是造成夫妻暫時不願行房的原因，卻不是性生活喪失的眞正原因。如果我們試圖去彌補所謂千瘡百孔的關係，或解決所謂互動不良的問題，這類的治療只會危害長期關係，結果適得其反。

君特．史密特在他的作品《性關係》（Sexuelle Verhaltnisse）註六六中提到，性生活失調其實還有更深層的意義。他認爲伴侶爲了保護他們的關係，常會把性問題隱藏到一種兩人間的「祕密協定」中，表面上看來沒有性失調的危機，伴侶關係就可以穩定了。

史密特還提出另一個觀點來支持他的理論：

「伴侶們私底下會偷偷計畫著，如果性愛對彼此都不是什麼有趣的事，那我們也就沒啥好擔憂的了。這種情況其實比我們想像的還常發生。」註六七

也就是說，兩個人相知相愛的事實，並不意味著他們就能享有激情的性生活，他們也不會因此認爲，爲了對方好，所以我就必須努力去追求完美的性愛。

從朋友間的互動來觀察，史密特的理論也相當具有說服力。大部份的人都認爲，若和朋友發生性關係，就會破壞彼此的友誼，所以，如果我們認爲友誼比一時的性歡愉來的重要的話，就會避免和朋友發生性關係。菲利普·亞利耶斯（Philippe Aries）描述了一個有趣的現象，早期人們稱男女朋友和夫妻之間的愛爲「友情」註六八，這表示性慾在此不具任何意義，甚至是不受歡迎的，因爲它可能會破壞兩人的關係。

在男同性戀關係中也有類似的情形，他們也認爲，和好友發生性關係是一大禁忌，米歇爾·波拉克（Michael Pollak）認爲，這是性關係轉變爲固定關係的過渡時期。性學家仔細地研究了同性戀文化，「因爲它擺脫了穩定長期關係的束縛，是融合性愛和愛情於生活中的最佳典範。」註六九同性戀者在很多方面都扮演著先驅的角色，因爲他們在伴侶關係中所面對的一些棘手狀況，是異性戀者才剛開始接觸到的。

在性觀念開放而且外界誘惑較多的環境中，若要建立以感情爲基礎的關係，同性戀者自然必須走出一條自己的路。換句話說，由於同性戀者能夠比較容易找到性伴侶，而且這些充滿激情的關係雖然容易發生，但來得快去得也快，所以，該如何建立穩定的關係，就是他們所面對的最大挑戰了。

「關係漸趨穩定通常代表著性關係的結束，而轉變爲信任感和親密感。以這種方式建立起一種友誼關係的聯繫，才能提供一種性伴侶關係無法達到的感情上的安全感。此外，所謂的近親亂倫禁忌，也禁止和『哥哥』或『弟弟』發生性關係，早期的戀人常如此稱呼對方，於是兩人成爲甘苦與共、共度一生的親密愛人。」註七〇

由此可見，我們有充分的理由將性關係排除在終身伴侶關係之外，能接受這觀念的人，甚至還能將激情消退視爲是保持終身伴侶關係一大成就呢！

性愛化和病態化

我們在此先暫時爲第一個愛情謊言做個總結。

要求伴侶關係必須永保激情，其實是將伴侶關係性愛化，甚至會危害到伴侶關係。如

同上述的歷史事實，愛情毀滅了婚姻，而所有的伴侶關係也會被這種激情不滅的要求所破壞，甚至是毀滅。

依照心理學家的理想來看，那些不合標準的伴侶關係就會被視為有問題，需要治療，這時終身伴侶關係就被病態化了。

伴侶關係的性愛化給伴侶關係製造了新的問題，而把這些問題病態化，卻為神學家、性學家和心理學家帶來大量的商機。這些專家利用這兩種趨勢，每個人以其獨門秘方，為出了問題的關係診斷治療。神學家開處上帝藥方、心理學家運用心理分析治療，而性學家則是透過性技巧來治療。

那麼，我們是不是該放棄所有的婚姻諮詢或療程呢？我認為，這倒是不需要。我只是想在本書中凸顯出我對「療程」和所謂「事實眞相」的質疑，我將這些統稱為愛情謊言。無論如何，我無意全盤否認神學家和心理學家的工作，他們對婚姻諮詢的貢獻和幫助是無庸置疑的。

如果我們不想變成這些不切實際的理想犧牲者，就必須認清自己的伴侶關係，而不是去追逐可望不可及的理想，千萬別犯下將關係性愛化和病態化的錯誤。換言之，試圖去改變關係，或是想從伴侶關係中強求些無法獲得的東西，都是徒勞無功的。

伴侶關係與其價值

如前文所說，只要將伴侶關係視爲獨立的個體，一種經由兩人的邂逅，尤其是兩種人格的潛意識邂逅所發展出的個體，那麼就能避免關係的性愛化和病態化。

以這種觀點來解釋，想要自己打造理想的關係，簡直比登天還難。因爲，如果個人連自己的潛意識都無法控制，那他要如何控制不可捉摸的伴侶關係呢？更何況它是個結合兩人潛意識所產生的獨立個體。個人既然無法掌握自己，那麼他又如何能隨心所欲地塑造伴侶關係呢？

我們既然明瞭了伴侶關係這種獨立的本質，花點心思去研究自我的伴侶關係其實相當有意義，至少我們可以確定，什麼對關係有益，什麼對關係有害。如果我們能做好準備，付出一些伴侶關係所需要的，彼此的關係自然能夠成長。

在伴侶還沒辦法完全接受關係的本質和極限之前，他們還是會試圖去操縱它。他們希望，伴侶關係的目的和功能會有所改變，或者，他們可以做點什麼來改變它。但是他們刻意要改變關係的意圖，通常卻只是引起更多的問題和痛苦。

只因爲兩人墜入情網，就想將目前的關係轉變爲終身伴侶關係，就是刻意改變關係的最好例子。到底是什麼理由讓我們堅信性伴侶自然也適合當終身伴侶呢？因爲他在床上既溫柔又體貼，功夫了得，所以他一定也會有責任感嗎？因爲他是如此的激情，所以他就是那個可以與你共度餘生的人嗎？

我記得一對伴侶，多年來兩人享有人人稱羨的美滿性生活，他們倆並沒有同居，各自擁有自己的生活，或許這就是他們保持激情的秘訣。後來基於現實考量，例如房屋租約到期了，女兒需要父愛等理由，他們最後還是結婚了。但結果反而破壞了他們原有的關係，兩人終日爭吵不休。伴侶關係是無法任我們隨心所欲地改變的，即使是出於理性的考量或現實的因素。

試圖要阻止或扭轉伴侶關係的變化，以尋回關係初期的激情，就是一種企圖操縱伴侶關係的表現。這種試圖去改變什麼的意圖，其實就是在反抗潛意識作用下所自然形成的關係。在大多數的案例中，這種嘗試都會失敗，因爲意志力很難與潛意識對抗。

每對伴侶都該確定一下兩人間有些什麼，去觀察一下兩人之間會出現什麼，又有什麼會違背我們的意念而消失，我認爲這是有意義的事。如果伴侶能夠更加珍惜兩人之間的聯繫，那麼他們的關係就能維持天長地久。

或許伴侶雙方對他們的關係不是百分之百地滿意，有人可能會覺得關係少了點什麼，或是不合他意，只要他們對自己的伴侶關係還是充滿了期待，而且也不會受到性愛化和病態化的干擾，這段關係就算是美滿，値得珍視、擁有的。

性關係和伴侶關係的眞相

爲了避免誤解，我再次強調：我將終身伴侶關係和性伴侶關係區分開來，並不代表兩者一定是獨立發展的，他們有可能短時期或長時期內同時存在。終身伴侶有可能身兼性伴侶，但是，就算去參考所有歷史或現代的學說理論，我們依舊無法預測這種關係到底能維持多久。所以，無論是將關係理想化，或隨之而來的性愛化或病態化，都是毫無意義的。

終身伴侶不一定要身兼性伴侶。終身伴侶關係不會因爲失去性生活而失去它的價値，而不再有性生活的人也不必因此感到絕望或自責，也毋需懷疑自己的關係是否是「眞正的」伴侶關係，或者認爲關係出了問題而考慮分手，使自己陷入痛苦的深淵。換句話說，性生活不活躍，甚至是完全停頓的長期關係，是完全正常的。

有些心理學家或婚姻顧問可能會贊成，有些可能不會，但是我似乎已經聽到那些不安和憤怒的伴侶在大聲抗議了：「如果我們就這樣接受激情會逐漸消失的事實，那我們要如何改善我們的性生活呢？」

註釋

註二〇：菲利普・亞利耶斯《婚姻中的愛情》（Liebe in der Ehe），收錄於《慾望的面具與感性的變形》，第一七四頁。

註二一：米歇爾・馬利《結束兩性關係的危機》（Schlus mit dem Beziebungskrampf, Stuttgart 二〇〇〇）。

註二二：提爾多・波維特（Theodor Bovet）《婚姻——最大的祕密》（Die Ehe -das Geheimnis ist gros, Tubingen 一九五七），第一三三頁。

註二三：摘錄自《點子》雜誌（Zeitschrift Idea）關於神學家福克與費麗西塔・雷納（Volker und Felicitas Lehnert）的著作，《婚姻是分手的惡因——婚姻的藝術》（Ehe der Zoff uns scheidet-die Kunst der Ehe, 二〇〇〇）。

註二四：參閱米歇・福考特《貞潔的戰爭》，引述自《慾望的面具與感性的變形》。

註二五：福克與費麗西塔・雷納《婚姻是分手的惡因——婚姻的藝術》。

註二六：見前註。

註二七：見前註。

註二八：見前註。

註二九：見前註。

註三〇：魯道夫·桑德斯（Rudolf Sanders）《共同打造美滿的婚姻》（Zwei sind ihres Gluckes Schmied, Paderborn 一九九八），第一三頁。

註三一：見前註，第一四頁。

註三二：梅爾西歐（W. Melchior），《年輕人的愛情入門》（ABC der Liebe fur junge Leute, Kassel 一九六四）。

註三三：魯道夫·桑德斯《共同打造美滿的婚姻》，第二〇頁。

註三四：見前註，第一一一頁。

註三五：福克與費麗西塔·雷納，《婚姻是分手的惡因——婚姻的藝術》。

註三六：摘錄自《家庭的動力》（Familiendynamik），《性學雜誌》（Zeitschrift fur Sexologen），四／二三，第三九三頁。

註三七：君特·史密特（Gunter Schmidt），《性關係》（Sexuelle Verhaltnisse, Reinbek 一九九八），第四三頁。

註三八：羅絲瑪利·偉特·恩德琳（Rosemarie Welter-Enderlin）《伴侶的激情與無聊》（Paare-Leidenschaft und lange Weile, Munchen 一九九九），第三二一頁。

註三九：羅賓．史凱納和約翰．克理斯（Robin Skynner und John Cleese）《如何建立美滿的家庭》（Familie sein dagegen sehr, Paderborn 一九八八），第二五一頁。

註四○：見前註，第一二頁。

註四一：羅絲瑪利．偉特．恩德琳《伴侶的激情與無聊》，第三○一頁。

註四二：見前註，第二八七頁。

註四三：見前註，第二七五頁。

註四四：福克．雷納，《婚姻是分手的惡因——婚姻的藝術》。

註四五：約格．威利（Jurg Willi），摘自《明鏡週刊》，二○○○年第四三期。

註四六：馬汀．丹尼克（Martin Dannecker），戲劇《性》（Das Drama der Sexualitat, Hamb. 一九九二），第一二一頁。

註四七：洛威（Loewit）摘自《性學》雜誌（Sexologie），一九九四年第二期，第一冊。

註四八：見前註。

註四九：見前註。

註五○：見前註。

註五一：馬汀・丹尼克（Martin Dannecker），戲劇《性》（Das Drama der Sexualitat, a.a.O.）第一一○頁。

註五二：見前註，第一二三頁。

註五三：摘錄自雜誌《世界觀》（Weltbild Magazin）九九年二四期。

註五四：摘錄自《明鏡週刊》，二○○○年第四九期第一八四頁。

註五五：凱思汀・凡・希朵，《性與伴侶關係》，摘錄自雜誌《家庭動力》，一九九八年第四期。

註五六：君特・史密特《性關係》（Sexuelle Verhaltnisse, Reinbek 一九九八），第四五頁。

註五七：凱思汀・凡・希朵，《性與伴侶關係》，摘錄自雜誌《家庭動力》，一九九八年第四期。

註五八：羅絲瑪利・偉特・恩德琳，引述自凱思汀・凡・希朵（Kirsten v. Sydow），《性與伴侶關係》（Sexualitat und/oder Bindung），摘錄自雜誌《家庭動力》一九九八年第四期。

註五九：約格・威利，引述自凱思汀・凡・希朵《性與伴侶關係》，摘錄自雜誌《家庭動力》一九九八年第四期。

註六〇：君特・史密特《性關係》。
註六一：羅絲瑪利・偉特・恩德琳，第三二四頁。
註六二：凱思汀・凡・希朵《性與伴侶關係》。
註六三：請參閱密歇爾・馬利《迷人的兩性關係》（Faszination Beziehung, a.a.0.）
註六四：菲利普・亞利耶斯《婚姻之愛》（Liebe in der Ehe）引述自《慾望的面具與感性變形》，第一七四頁。
註六五：何勒・先克《自由戀愛——同居》。
註六六：君特・史密特《性關係》，第七一頁。
註六七：見前註第七二頁。
註六八：菲利普・亞利耶斯《同性戀史的思索》（Uberlegungen zur Geschichte der Homosexualitat）引述自《慾望的面具與感性變形》，第八八頁。
註六九：米歇爾・波拉克（Michael Pollak）選自《慾望的面具與感性變形》，第五八頁。
註七〇：見前註，第六八頁。

第二個謊言

愛情謊言

男人與女人必須學會互不打擾，
並且學會給對方帶來溫存。

D.H.勞倫斯

第二個謊言是：「愛和性是密不可分的」。

由這句話可以推論：愛一個人，一定也會渴望他的身體，如果你對你的另一半沒有任何慾望，你就不愛他，你對另一半的愛不是眞心的。

這裡所說的愛，只限定伴侶間的愛，是互相關懷扶持的愛。只是許多專家將這種終身伴侶之間的愛詮釋爲「眞愛」或「成熟的愛」。

在「伴侶關係的謊言」中，我已經詳述了性關係被納入終身伴侶關係的情形。現代伴侶關係的理想，不只要求維持長久的性關係，而且更進一步要求愛情。每個人心中，只能有唯一的「眞愛」。

漢堡的性學家君特．史密特寫道：

「在現代社會中，性與愛密不可分的觀念已深植每個人的心中，也就是說，只有兩個人眞正相愛，才能共享深刻滿足的性愛，而且愛必須透過性行爲的形式來表達，才能夠眞正圓滿。」註七一

從這句話可以推斷，性生活之所以減少，都是愛情消逝所造成的。再者，相愛的兩人

一定會發生性關係，如果兩人不再有性生活了，就表示他們不再相愛了。

性醫師哈特慕．波辛斯基（Hartmut Bosinski）註七二在一篇題爲「性需要愛情嗎？」的報紙專訪中，就「伴侶沒有性關係，就不算眞愛嗎？」這個問題所做的回答是：「當然啊，除了傳宗接代和滿足慾望外，性行爲是兩人之間最親密的溝通方式，沒有任何一種方法能使兩人如此親近了。嬰兒如果不在母親的懷抱，就會顯得無精打采，同樣的，成人如果無法滿足這種渴望，也會如此。」註七三

波辛斯基在這篇專訪中，發表了不少合理的觀點，例如，性一定要雙方兩情相悅，不能強求。但是，如果沒有性生活的伴侶就不算相愛，那世界上幾百萬對伴侶，就都不是眞心相愛，或者是愛得不夠深了。成年人如果沒有透過性行爲來進行身體上的親密接觸，他們就會無精打采？事實上，還有很多種親密的形式，例如，親近大自然、上帝和自己。在此，我們又發現了，這種僅發生在少數伴侶身上的個案，又被以偏概全，變成了一種愛情謊言。

愛情缺少了特定的義務和互相歸屬的感覺，僅有情慾但卻不願建立伴侶關係，發生婚外情，缺少性生活的終身伴侶關係，凡此種種都不符合「唯一眞愛」的理想，因此被第二個謊言貶爲自私自利或是不成熟的關係，無論如何，這些都不是「眞愛」。

「唯一的真愛」是否存在？

從以下列舉的幾種愛的定義，我們可以發現，在不同時代、以不同的觀點出發，對愛的定義有很大的差異。

羅馬詩人波貝茲（Properz）在詩中讚美愛爲：「喔！我多麼愛著這個不受世俗拘束的女子，看著她披著薄紗半裸地走進來，只要有人輕輕揮手，她即肆無忌憚地四處招惹事端。」註七四

使徒保祿（Paulus）定義愛爲：「愛是含忍的，愛是慈祥的，愛是不妒忌，不誇張，不自大，不求己益，不動怒，不圖謀惡事，凡事包容，凡事盼望，凡事忍耐。」註七五

我們在古羅馬人身上發現一種不受世俗約束的性愛：「西塞羅歌頌他與奴隸書記的親吻。人人可依自己的喜好，選擇女人、少年或是任何人。」註七六

一位中世紀的神父希羅尼慕斯（Hieronymus）將愛區分爲不同的兩類：「通姦也是一種對妻子過於強烈的愛。愛他人的妻子是種恥辱，愛自己的妻子卻是不得體的。理性的男人對妻子的愛應該是沈靜的，而非狂熱的，愛妻子如情婦是最可恥的事。」註七七

對希羅尼慕斯而言，愛分成沈靜的愛和狂熱的愛兩種。爲什麼愛妻子如情婦是件可恥

的事呢？這是因爲希羅尼慕斯已經明白，狂熱的愛會毀滅婚姻。

同時期的一位神學家班尼狄克提（Benidicti）也持類似的看法，同樣地要保護婚姻免於激情的破壞：「男人無法壓抑狂的熱情，對妻子產生強烈的慾望，與她交歡，彷彿她不是自己的妻子似的，以滿足自己的慾望，這種男人是罪人。」[註七八]

神學家提爾多・波維特（Theodor Bovet）爲婚姻之愛辯護，他認爲：「溫和而火熱、神聖而熱情、溫柔而神祕、謙恭而高貴、嚴肅而喜悅、天上人間，即是婚姻之愛。」[註七九]另一方面，神學家梅爾西歐（Melchior）咒罵純粹的性愛：「上帝是愛，上帝的敵人玷污了這個珍寶，難怪我們可以發現各式各樣純潔的愛、污穢的愛，以及所謂的『愛情』。」[註八〇]

現代心理學家羅伯・強森（Robert A Johnson）認爲：「愛是我們內在一種認同、珍惜他人本質的力量。」[註八一]

作家波多・史特勞斯（Botho Strauss）則確信：「若缺少義務、奉獻與歸屬感情，愛就不具任何意義。同樣地，缺少使命或是相同的價值亦然。」[註八二]他認爲愛包含了許多要件。

以現代神學的觀點解釋，愛有三種形式，即肉體的性慾、人類的性愛和上帝之愛。每一種愛都需要較高層次的來昇華，只有融合這三種愛，才能達到眞愛的境界。

現代人的浪漫愛情觀認爲，眞愛就是和命中註定的「眞命天子」相識相戀，同時也擁有友情和靈慾合一的激情。

愛有許多不同的詮釋，激情、浪漫、性慾、天長地久、自私、無私、依賴、獨立以及朋友之愛，還有上帝之愛、夫妻之愛、親情之愛、動物之愛、自由戀愛、狂愛、沈靜之愛和婚外戀情。當然每人都宣稱自己的愛是唯一的眞愛，但是所謂的「眞愛」根本就不曾存在過，因爲愛一向是曖昧不清的。

「現代人總是刻意去忽略一項重要的事實：直到十八世紀，性在歷史上一向扮演非常重要的角色，幾乎在所有的時代（除了現代外）都有兩種不同的愛，即婚姻之愛和婚外情。」註八三

基於上述理由，專家只好發明「眞愛」這個概念，並且大力推銷，才能將它應用在他們的婚姻諮詢或心理療程中。

愛情應有的形式

這些對愛的定義和描述很明顯的都有其特定的目的，各自隱藏著特定的意識形態，造成伴侶心中深深的不安，因爲他們會產生質疑，到底何爲「眞愛」？哪種定義才是最貼切的？還有，到底愛情是如何形成的？又該如何維持天長地久呢？

很明顯地，對愛下定義是件吃力不討好的事，尤其愛情的概念在歷史上也是不斷地演變，所以對於愛爲何物，愛非何物，愛應爲何物，愛絕非何物，我也不想深究。我感興趣的是，人們如何體驗愛，如何描述愛。

「我愛我的孩子，我愛我先生，我愛我家的狗兒，我愛我的工作，我熱愛生命，我愛上帝，我愛大自然，我愛我的嗜好。」愛是人類對自己本身以外的事物，所懷有的特殊而誠摯的感情聯繫。愛代表著：我不是孤獨無依的，而是心有所繫。人的內心需要親密關係，而且也在尋尋覓覓，我們可將這種對愛的渴望視爲是人類的基本需求。所以，愛的任務就是要創造一種關係，人在這種關係中會被接納，受到照顧，積極樂觀，而且無憂無懼。這種關係可以建立在人類、動物、大自然、職業、生活或上帝。無論如何，愛都是誠摯、溫暖、友善、體貼、而且充滿敬意的情感。

人類可以愛上許多不同的事物或人，他可以誠心誠意地和很多人建立聯繫，例如家庭、子女、朋友、伴侶，甚至是很多伴侶，重點不在於這是否是眞愛或成熟的愛，而是在於愛的方式。例如像個父親、像母親、像朋友、像情人、像性伴侶、或像終身伴侶。

因爲愛以許多不同的形式出現，所以它也超越時間和空間的限制。當然時間長短可以是衡量伴侶之愛的標準，但是激情卻不受限制。而且，愛有時也必須承擔責任，對伴侶或對兒女正就是如此。但是對情人，例如性伴侶，就不須負起這種責任，因爲這種愛正需要危險與刺激感，而且追求混亂。

愛爲何物

「只有做好承擔責任的心理準備，才有愛人的能力。」這種主張確實是合理的，但是只限定伴侶之愛。如果有人主張「愛情只存在於此時此刻，它沒有過去，也沒有未來。」這同樣也是對的，但只限於激情之愛。

如果我們超越這種單純的「誠摯的親密關係」去擴充愛的定義，再將愛僵化地局限於特定的標準和特性之內，只會將愛情物化。這種被物化的愛給人一種印象，好像只要透過特定的行爲就能產生愛，例如，對伴侶保持忠貞。雖然愛情常常會使人對伴侶保持忠貞，但是忠貞的行爲並不會產生愛情。

我們無法隨意創造愛情或是強迫自己愛上特定的對象。再者，由於人類一向將性與激情視爲愛情的形式，所以人們就無法將這兩者成功地導入婚姻中。相反地，一味要求美滿的性生活，只會破壞婚姻。

我們不必無條件地接受每一種愛情的形式，因爲它畢竟只是其中的一種可能性罷了。伴侶之間的愛必須是包含一切的「唯一眞愛」，這種錯誤的觀念只會造成無謂的傷害。

硬要去強調愛情的各種不同形式，簡直是多此一舉，但是，正因爲我們通常會將不同形式的愛混爲一談，所以才要特別明確地區分它們的差異，因爲很少有人能夠辨別愛在伴侶關係中的不同形式。

舉個例子，如果先生責備外遇的妻子，她不再愛他了，這時妻子也只能將愛區分爲不同的形式來回答先生：「不，我還是愛著你，但是不再把你當成性伴侶了，而是當成終身伴侶來愛。」

迥異於一般專家的觀點，上述情形也適用於長期伴侶關係的激情消失時。長期伴侶有充分的權力要求對方只愛自己一人，但不是激情的熱戀，而是終身伴侶之間親密、穩定而珍貴的愛。

如果伴侶沒有對愛的形式加以區分，就會輕易地否定自己的終身伴侶關係，或者讓所謂的愛情專家貶低他們的關係，因爲，對伴侶的忠貞當然也是衡量「唯一眞愛」的標準之一。以基督的觀點來看，忠貞甚至也是性愛的前提，不忠的人已經喪失愛的資格，因爲他證明了他沒有能力實現成熟的眞愛，他就是缺乏愛人的能力，甚至也沒有與人建立關係的能力。

至少値得我們安慰的是，如果人們只承認「唯一眞愛」，而將不忠、分居、離婚、單身、離婚、和感情不如意的人歸類爲「失敗者」，那麼百分之九十或九十九的人都沒有經歷過童話般的「唯一眞愛」，而且也都不夠成熟。

性爲何物

我們在神學上幾乎找不到關於性的記載，即使有，也只是將它視爲一種生理功能，或是依附在其他較高層次事物之下。單獨存在的性，以及不是發生在愛侶之間的性行爲，都是違反自然的，例如自慰或是只爲了滿足肉慾或享樂的性行爲。神學家提爾多．波維特認爲「性是屬於整體的一部份，單獨存在的性或是縱慾無度，都是違反自然的行爲。」註八四另一位神學家甚至認爲：「不朽的靈魂切莫荒廢在縱慾的生活上，我們在世間並不是爲了肉體的享樂，而是爲了進入天堂而犧牲奉獻，奮鬥不懈。」註八五教會這種敵視性的態度持續至今依然不變：「沈溺於肉慾，只會沾染疾病，並走向死亡。」註八六

有關性的科學定義，可見於性學家福克馬．希古許（Volkmar Sigusch）的說法：「性行爲屬於社會範疇，就人類的性行爲來說，『純粹』的性行爲全然是純粹的思想產物。」註八七另一位性學家馬汀．丹尼克（Martin Dennecker）解釋性的心理層面：「性是一種我們無法擺脫的內在需求。」註八八他指的是性的慾望和感情層面，也就是說，我們無法控制性。

亞力士．康福特（Alex Comfort）提出哲學上的解釋：「我們應該對性抱持一種心態，性不是『問題』，而是『享樂』。對此，大部份的人都缺乏安全感，也常常缺乏愛。」註八九

性的三種不同層面

性與愛相同，都很難找到一個明確的定義。而我認爲，對性做出明確且完整的描述也不具意義，因此我將沿用探討愛這主題的模式，由「性對人類的功用爲何？」爲主軸來探討性。這個問題涉及性在不同層面上的功能，以下將詳述這三種基本層面，即性慾、人格

轉換和心理層面。

性慾層面

「性」常被視為人類傳宗接代慾望的表現，性慾是生物的本能，也肩負起延續人類香火的責任。

只是，如果這種天性只是為了傳宗接代，那我們只要九個月產生一次性慾就夠了，而其餘時間根本不需要慾望，也就不會為此深受折磨了。可惜事實並非如此，人類的性慾無關乎傳宗接代，而且人們甚至還用盡各種辦法避孕。在上帝的代言人一再告誡人們，避孕是違反人類天性的行為之前，這種情形就已經存在很久了。

既然人類的性行為以傳宗接代為目的的理論行不通，另一種解釋似乎較為合理，即人類藉著性行為滿足了追求享樂的天性，插入和射精這些受精的過程能夠產生快感，是造物者巧妙的安排。

以追求享樂的觀點看來，異性戀者的性行為同樣地也不是「合乎自然的」，而只是眾多性行為的其中一種選擇而已。這點可以在希臘或羅馬古文化的性習慣中一覽無疑，當時的性不拘泥於性別，也不受婚姻的限制，人們可依自己的性向，與男人、女人、少年、情婦或姬妾交歡，基本上人們都可以接受。

社會觀念規範了性慾，因爲性慾本身並沒有固定的形式，而只是調適自己以適應社會條件的變化，所以本書常引述的作品才會名爲《慾望的面具》（Die Maske des Begehrens）註九〇，如果我們撕下每種形式的面具，呈現出的原形並不是「單純」的慾望，也不是「合乎自然」的性。

如果我們撕下同性戀或異性戀的慾望面具，或許呈現在我們眼前的是另一張獸交的慾望面具，其渴望的對象則是動物。這種說法也不無可能，因爲在轟動一時的金賽性學報告中指出，美國百分之十七的農家子弟承認，曾經有過獸交的經驗。

正因爲社會觀念阻擋了簡單的洩慾方式，所以大家只好迂迴地另闢管道。翻開教會史，我們可以發現裡面充斥著精神變態，修士鞭打自己，修女饑渴地暢飲痲瘋病人的盥洗水、舔其排泄物、咀嚼虱子和穢物，以及自虐等各種出乎我們想像的變態行徑，這就是他們榮耀上帝的方式。想深入研究的讀者，可參考卡爾漢茲・戴辛納（Karlheinz Deschner）的著作《教會之十字架》（Das Kreuz mit der Kirche）註九一。

歷史證明，人們無法控制性慾和追求享樂的慾望，縱然強加控制，卻也是自食惡果。激情除了社會層面外，還有其個人層面，因爲在社會規範下，個人也還有一定的空間來發展屬於個人的慾望。

在人類的少年時期，內在慾望與外在客體的第一次接觸，就形成了一種丹尼克所謂的個人「慾望結構」。他所渴望的對象、性幻想和激情，就在此時具體成形了，一旦慾望成形，日後他就無法跳脫這種模式。

由此可知，長期伴侶關係很難維持性關係，因爲慾望是單獨存在的，不屬於兩人共同的關係，而是伴侶個人。因此，伴侶兩人的慾望結構是否互相契合，就得靠時間來證明了。

在基督教文化的社會中，性關係必須隸屬於婚姻關係，而且也被視爲表達愛意的方式，這情形至今依然不變。在現代社會，道德和法律的規範已經大幅放寬，連性關係也像古文明社會一樣開放，於是解除了許多伴侶關係的束縛。

「性關係似乎也常常在伴侶關係外發生，但很少演變成婚外情，那不過是七〇年代的風潮，現代人則經常同時進行自慰和伴侶性行爲，兩者互不衝突，這種傾向也發生在擁有美滿的伴侶關係和性生活的男女身上。對他們而言，自慰並非一種『替代方案』或是補償作用，而是一種可以隨心所欲、自主性高、私密且可完全放鬆的性行

爲。」[註九二]

當性的禁忌越來越少時，人們的選擇性也更多元化，各式各樣的花招，任君選擇。有誰還會在乎「合乎自然的」性行爲呢？即使我們認爲大部份的人都是性變態，並且指責他們不道德，但是還是改變不了這種趨勢。

現在專家又要驟下斷言了：這些性行爲都無關乎愛情。但是，性慾也可以在兩人之間產生一種強烈的心靈聯繫，「火熱的」性愛也同樣是愛，對彼此毫無所悉的兩人也可能相愛，他們可以共享激情甜蜜的性生活，但卻不一定適合成爲終身伴侶，只需維持性伴侶關係就好了。

所以，愛一個人就會對他產生慾望，因爲性是表達愛意的方式，這種說法以慾望和享樂的觀點來看，根本是子虛烏有的。反之，如果你對另一半沒有慾望，就是不愛他，這也是不合理的。爲什麼慾望需要有婚姻的允許？少了婚姻這道手續，我們仍然可以和渴望的人相愛。

人格轉換層面

現在我們來看性的另一層面，也就是性和激情有關的一部份。

過去人們常將性慾解釋爲人類一種壓力釋放的需求。根據這說法，人類的性生活之所以活躍，是爲了釋放內在過大的壓力，這種壓力主要是來自人類傳宗接代的本能。現代的論點已經超越了上述的生物觀，主張性的功能在於使人產生一種正面的情緒，而不在消除負面的情緒。

「性行爲能產生一種新的情緒，它的主要任務並不是消除緊張，而是創造一種心境。」註九三

這種正面的情緒不只包含身體的，還有心靈的感動。我個人認爲，激情就是如此，因爲激情也超越肉體的結合，觸及到心靈層面。

人類對激情的感受並不是現代才有的，古今中外，人們都特別珍惜戀愛時的飄然感，也都不停地追求。激情似乎對人類有著很大的影響力，爲了激情，人類可能不惜犧牲一切。爲什麼激情對人類如此重要呢？激情又產生何種影響呢？下面是一般人經常拿來描述激情的用語，這些就是最好的答案：「渾然忘我」、「完全釋放自我」、「沈浮其中」、

「喪失理智」、「失去自我，兩人合而爲一」。

沈浸在飄然感中，人就超越了內在的界限，「至少勇於面對自己的內心世界，也就是內心的恐懼。」[註九四]，情慾使人類超越自我，脫離自我，掙脫了自我的身分認同。所以，爲了要掙脫自我的束縛，人類偶爾需要一個出口，通往「我」之外的世界，一個沒有理智、未來、道德、社會規範的世界。

今日，原始部落的宗教儀式已經不存在了，人們除了激情的性之外，沒有多少選擇的餘地。在這個一切井然有序的世界中，激情是人類唯一可以恣意妄爲，獲得解脫的地方。

人類在享受激情時，可以從理性的動物變成感情動物，而做出異於平常的舉動，舉一對端莊的男女爲例，我們來聽聽他們兩人如何「擺脫自我」，如何放縱他們的慾望。

男人開始引誘女人，她無辜地輕斥：「你在幹嘛？」他繼續逼近說道：「沒有啊！」，她哀求他：「別這樣嘛，這是不端莊的。」這就是他們在做「那檔事」的情形。這遊戲有什麼値得興奮的？當他們兩人故作端莊地在玩著這個遊戲時，他們可能變得放蕩、激情、火辣、興奮，但是偷偷摸摸的，他們超越了平常的界限，彼此共享一個激情的祕密。

激情所產生的超越自我的作用，與人類日常的正常表現並無衝突，反而會產生互補作用。因爲激情的特質就在它的時間限制，激情過後，一切回歸正常，因爲我們剛從陌生人變回「我」，因爲之前我們與自己保持一段距離，所以才有可能歷險、感受到全新的體驗。人們的確稱婚外情爲一段「歷險記」。而激情也是，只有在陌生的國度才能歷險。

這時，專家又要抗議了，這種激情根本與愛無關，但是，當兩人共同歷險後，他們自然就會對彼此敞開心房，進而相愛，而激情的愛也是愛情的一種形式。這種激情可能發生在長期伴侶關係之內，或是之外。不過，激情不須遵守任何遊戲規則，也沒有一定的軌道，而是任憑慾望主導一切。

性的這種人格轉變特質，可以解釋爲什麼長期關係中的激情會逐漸消失。兩個長期相處彼此熟悉的人，很難產生歷險的刺激感，激情尋求的不只是陌生的靈魂，還有陌生的身體、氣味、肌膚，如此才能夠探索未知，體驗全新的感受。但這種激情卻是無法刻意創造出來的。

就如同前文提到的美國影集中，男主角艾爾到夜總會去試試運氣一樣，不少伴侶也藉由自慰來發洩性慾，如此他們可以無須顧慮伴侶的需求。因爲和諧的長期關係，不容許非理智的慾望，所以激情只好脫離婚姻，向外發展。性伴侶可以在性幻想中，在網路的虛擬世界中，或換妻俱樂部中與陌生人邂逅，大膽做出前所未有的舉動，拋開理智，沈耽於激情中。

性的心理層面

性不只是種衝動或享樂，也不等於激情的發洩。性包含的層面更爲廣泛，除了慾望、人格轉換之外，還包含了心理層面。

「如果沒有風險、沒有恐懼、沒有敵意、沒有復仇、沒有勝利、沒有鬥爭的話，人類的感官刺激、熱切的渴望和性愛的體驗是無法想像的。少了這些因素，性就會變得枯燥乏味，索然無趣，和諧的生活正是激情最大的敵人。社會給予性愛和變態兩極化的評價，但兩者基本上卻有類似的運作模式，也就是一種與性無關的情緒所引發的慾望，大膽的說，就是一種由心靈上的夢想或衝突而產生的感官衝動。」註九五

我們可以想像一下，人的潛意識將性當成它的舞台，上演著「慾望」這個劇本，主角由人類各種心理角色擔任。

男人扮演征服者，以證明自己的價值，這部戲中的男主角不接受女人的拒絕或抗拒，而是使出渾身解數來引誘她，不達目的絕不放棄。表面上看來，他的目的是性，但隱藏在背後的，卻是藉著征服女人來證實自我的能力，享受勝利的滋味。

劇中女主角極力挑逗男人，以證明她的女性魅力，這也是為什麼有些女人希望成為男人渴望的對象，但是她其實並不渴望男人。此外，她的男人對她的渴望越多，越能證明她的「女性」魅力註九六。女人精心打扮，擺出誘人的姿態來引誘男人出場。一旦男人的慾望消退了，女人就立刻陷入不安和自我懷疑中，「是我的魅力不再了嗎？」或是「難道我比不上別的女人？」女人被這些問題折磨著，但這些問題也可能燃起她的鬥志，使她更加努力吸引男人。同樣的問題若出現在男人身上，他一樣也會上台賣力演出，以證明他的男子氣概、性能力、權力和男性自尊。

此外，性也被搬上心理或是宗教的舞台，例如古老民族的祭典，他們選擇在充滿靈氣的地點舉行祭典並非巧合，因為在此才能和大自然或神通靈。祭典中陰唇和陰莖被奉為生命的象徵，同時也是對抗死亡的力量，為了維持大地的多產與豐饒，他們將精液射在田地的犁溝中，再將麥種撒在精液上，或是在植物崇拜的祕密儀式中，進行神聖的性交。他們也在神殿中進行性交的宗教儀式，這象徵著處女的第一夜，以及人與神的交媾與婚禮。註九七

「人通常不與自己所愛的對象發生性行為，因為對方是那麼年輕、美麗、強壯，或具有某種特殊的吸引力。所以他寧願犧牲自己，與老弱殘障或面貌醜陋者性交——老人與年

輕人，美人與醜八怪，人類與動物，父親與女兒，母親與兒子，兄弟與姊妹、男人與男人，女人與女人，兒童與兒童——大家就在眾目睽睽下性交。這類雜交最原始的意義就是奉獻，祭神。」註九八

爲什麼要這麼做呢？就是爲了要凸顯性的力量和重要性，並且藉此衝破婚姻和伴侶關係的藩籬，以貶低它們的價值和重要性。

所以性可以是狂野或溫柔的，既古老又現代，性可以和固定伴侶，也可以和任何人一起演出，完全視個人、伴侶或社會所要敘述的故事和主題而定。

如果性也訴說個人心理的故事，那麼在伴侶關係中，性就必須呈現兩人交織出的故事，這時候伴侶兩人的腳本自然得要互相配合，例如在「統治與臣服」的故事中，兩人就必須分飾「征服者與奉獻者」的角色。這種情況下，性變成了戰場，兩人可以經歷到心理學上所謂的攻擊行爲和退化作用，品嚐勝利與失敗的滋味，進而產生安全感並建立親密關係。

性也能產生一種「兩性合一」般的感受，男女可以輪流扮演主動或被動的角色，一旦女人取得主動的地位，而男人必須被動時，傳統男女角色的刻板印象和性別差異的觀念就消失了，此時，他們會有合爲一體的感覺，就像是陰陽同體的生物一般，這種經歷，可以

說是性所能帶來最高的感官刺激了。由浪漫時期開始直到今日，性的這層心理層面日漸重要，當男女角色差異越來越小時，我們就更能深刻地體會這種可以同時採取主動與被動的性經驗。

一位有婦之夫向他的情婦訴說他的婚姻：「在我們九年的婚姻生活中，我們一直擁有美滿的性生活，我從來沒想到，能夠擁有如此激情且頻繁的性，絲毫沒有隨著時間而消退。我們全心全意地愛著彼此。因爲我們一個月只見兩次或三次面，到底能見幾次我們也不確定，所以每次都會有新的體驗。這是一種神祕的吸引力，一段美好的時光，多年後的今天，我依然念念不忘。」

在這對伴侶之間到底上演著怎樣的故事？他們的婚姻是如何觸礁的？是因爲枯燥平凡的日常生活嗎？他們如何避免狂野的愛轉變成溫柔的愛呢？他們如何不讓自己個人的故事在整齣戲中慢慢褪色呢？那應該是一齣生動、高潮迭起，而完全無法預料結局的人生大戲吧！

受婚姻諮詢危害的終身伴侶關係

我們聽到了專家的抗議，他們認爲性引起衝突的心理層面與愛無關，而是一種不成熟、幼稚的愛。但在性的舞台上，男女主角也能夠感受到一種強烈的愛意，尤其，在古代或情感的劇本中，大家根本就不在意，到底劇中主角是否有意建立伴侶關係，或專家對此有何意見。

無論如何，專家還是會建議他們參加療程，以治療這種心態，但是卻弄巧成拙，反而危害了伴侶關係。因爲，慾望是內在的心理衝突引起的，一旦衝突解除了，慾望也就隨之消失，這其實是一種治療性犯罪者的方法。但是在伴侶關係中以這種方式來解決內在的衝突，卻可能造成負面的影響，因爲以其他方式建立自信的人，不需要靠性行爲來證明自己，他可以放棄性行爲，讓自己的慾望消失，然後伴侶關係中就不再有性關係了。

我記得一對伴侶，結婚三十二年還享有美滿性生活，他們倆說：「我們的關係向來問題重重，我們無法和平相處，總是吵個不停，這些年來只有在床上合得來。」雖然這對伴侶感情不睦而且衝突不斷，造成終身伴侶關係不美滿，但是兩人的衝突卻使他們得以享受長久美好的性生活。假設他們二十年前接受婚姻諮詢的話，或許他們的關係會變得和諧，但性生活卻變成多餘的，也許他們早已分手了。

互相依偎的性

婚姻諮詢的結果有時（甚至常常？）會造成伴侶的性生活枯燥乏味，雖然這不是專家所樂見的。婚姻諮詢時，專家會幫忙解決伴侶心理上的衝突，但是慾望卻也因此硬生生地被扼殺了，但是當伴侶之間不再進行權力鬥爭，或不再追求共生現象時，性生活也會變得平淡無趣。

因此，接受治療後的伴侶，經過一番努力，頂多就只能享有性學家一再吹捧的「互相依偎的性」，或是專家所謂的「充滿情趣的安全感」。但是伴侶抱怨的不正是這種平淡的性生活，而且他們接受諮詢的目的就是爲了改善這種情形，於是他們只好再度接受治療，在專家的協助下，他們嘗試了各種冒險刺激的性遊戲，例如，在電梯或百貨公司中做愛、粗暴地撕破對方衣服、扮演征服者或陌生人等等，就是爲了克服這種平淡的性生活。

不管我們如何解釋，性就是性，我們無法強制地把性局限在任何一個事先規劃好的伴侶關係或愛情中，而這種行爲只會造成反效果。

治療只是枉然

看完前文的敘述，我們可以確定，性是一種本能、是追求享樂的慾望、有感情、會產生攻擊性和退化作用，同時還具有社會、個人、人格轉換、心理等不同層面、最後也是情緒化的，當伴侶在愛撫對方時，無論是以溫柔地、粗暴地、狂野地或輕柔地方式，或是互相擁抱、交纏在一起、合而爲一時，感受到彼此的氣息，付出自己接納對方緊密結合時，所有這些層面都會對伴侶造成影響。

這樣的性如何只依賴伴侶之愛呢？我們可以從前文得知，第二個愛情謊言推論出「愛一個人就一定會渴望他」或「如果沒有慾望，就不算眞愛」，這根本是將兩種曖昧不清的概念勉強湊在一起，完全沒有任何意義，而且也將複雜的概念簡化了。

歷史就是最好的證明。幾千年來，性和愛帶給人們感官上的享樂，而且同時存在於伴侶關係之內和之外，兩者都稱爲「愛」，直到十三世紀時，基督教教義才將性納入婚姻中，至少在道德上是如此，所以我們才會開始譴責婚外性行爲。

基督教所帶來負面的影響，就是將性「問題化」[註九九]，我們從一九九九年報紙刊登的一篇標題爲「教宗提出警告：性會致癌」[註一〇〇]的文章中可以看出，這種情形仍然持續至今。這篇文章其實無傷大雅，我們大可一笑置之，但是對天主教會和教皇而言，較爲嚴重的是，這篇報導證明了他們試圖要壓抑性慾的努力徹底失敗了：

「美國去年有數百名天主教神父死於愛滋病，其中最負聲望的是紐約主教愛默生・摩爾（Emerson Moore）。」註一〇一如果教會無法抑制人類的性慾，連信仰虔誠的人都無法遵守教會守貞的義務，那麼基督教至少應該適當地疏導性慾。在聖經裡，使徒保祿爲基督教徒制定了一套壓抑性慾的方法，雖然不是奉上帝之命。

「我認爲男人不親近女人倒好。可是爲了避免淫亂，男人當各有自己的妻子，女人當各有自己的丈夫。丈夫對妻子該盡他應盡的義務，妻子對丈夫也是如此。」註一〇二

以上就是基督教性道德的最大祕密，一個讚美婚姻之愛，以及所謂婚姻之愛與性可以自然結合的祕密：因爲人類無法完全壓抑性慾，所以只好將它囚禁在婚姻中，而婚前性行爲更是絕對禁止的。因此性慾就被套上婚姻的桎梏，任婚姻剝削利用。

尚—路易・法蘭德林（Jean-Louis Flandrin）引述人類學家盧克・多雷（Luc Thore）的觀點，他認爲我們的社會是世界上唯一以愛情爲婚姻基礎的社會，其他的社會

並不信任這種婚姻，因爲它會破壞社會的結構註一〇三。如果我們遵循教會的規範，壓抑性慾，忠於婚姻，如此一來，只會使婚姻或終身伴侶關係逐漸破裂。

可惜大部份的心理學家和婚姻諮詢還是將浪漫時期的理想奉爲眞理，儘管他們心知肚明，幸福不會自己來敲門。他們爲了自圓其說便宣稱關係是要靠自己經營的。他們搬出所謂「伴侶之間的愛和性密不可分」的大道理，但這根本就是個謊言，他們又犯了同樣的錯誤，只是以偏概全，將少數的個案泛大眾化。

與心靈相契合的性

「性是出自於心靈的契合。」

這句話廣受神學家和心理學家讚賞，他們強調，性是伴侶之愛的產物，只要兩人眞心相愛，合爲一體，觸及對方的靈魂深處，兩人自然就會擁有美好持久的性生活。

當然親密關係會有性關係，性關係也會日漸深刻，至於性是否會長久持續下去，就有待商榷了。親密並不是建立良好關係必備的要素，信任和愛才是，這兩者都不受時間和義務的約束。

而情況也有可能是完全相反的，你可能是在匿名又無拘束的情況下，享受到最激烈的性。有位女士說：「我第一次達到高潮，是與一個陌生人發生關係時。因爲，我可以完全的放縱自己。」而一位男士則說：「如果我和剛認識的女人上床，我更能縱情享樂。」

「只有當男女彼此深愛時，兩人才能結合。」

這句話看起來也是合情合理，只要它所指的不是長期的伴侶之愛。但是，如果我們以時間長短來衡量兩人的關係是否美滿，這時性的重要性就被忽略了。婚姻之愛會將性行爲昇華，因爲，據說性行爲本來應該與眞愛無關的。

因此，性就從人類的基本需求轉變成表達愛意的方式，而伴侶也只有在問心無愧時才能盡情享受性愛，但是我們無從得知，人類內心深處的願望與渴望是否同時滿足了？如果爲了成熟的愛而放棄了性愛的感官享受，這對伴侶關係又有多大的影響呢？然而，如果有人沒有婚姻之愛，卻依然渴望感性愛，他也不會因此得不到美好的男女結合。

「缺少伴侶之愛的性行爲是一種剝削。」

這論點代表著：性伴侶關係只是將伴侶當成性工具，相信受過啓蒙的男人與解放的婦女同胞都深表贊同。在電影「綠林浩劫」（Smaragdwald）中，呈現出性最眞實的一面，劇中一位巴西印第安女孩渴望著白種人男主角，她用言語挑逗他：「你現在需要我嗎？」她的部落沒有表達性交的專有名詞，他們稱之爲「需要」，這聽起來很誠實：我們之所以發生性行爲，是因爲我們有這個需要。性行爲是一種需求，也是一種愛的告白，無論如何，我們需要性，同時也有個認知，我們必須滿足對方的需求，才能維繫彼此的關係。

忠貞者的親密關係

「親密的性關係會日漸深刻。」

這句話代表著：對伴侶全心全意的愛和親密感，會使愛侶之間的性行爲更爲深刻，而且這種深刻的性愛，只會發生在長期共同生活的終身伴侶身上。

奇怪的是，這種說法總是由神學家，或是那些一生對伴侶忠貞的心理醫生提出的，這些人從未經歷過伴侶關係之外的愛或激情，所以根本就無從判斷或比較。雖然他們從未體驗過那些性的禁忌，卻完全確信這類的愛只是膚淺的情感。儘管他們本身沒有經驗，他們還是將婚外情貶爲「跳梁小丑」，還堅信婚姻可以成爲性的天堂，但是他們嘗試了各種方法，要維持美滿的性生活，結果都是徒勞無功。

有個男士告訴我：「有件事困擾我很久了，當我愛撫我太太，或是她愛撫我時，那是種很美、很熟悉、很舒服也很溫暖的觸感，和情人的愛撫完全不同，情人會令我興奮、全身酥癢，她的手所引起的反應留在我的肌膚更長久。」

另一個女士說：「恐怕我先生再也不能挑起我的慾望了，但是我又不敢面對這個事實，我想一定有辦法可以解決，不然我該怎麼辦呢？」

心理學家和婚姻顧問要怎麼解釋這些現象？他們又要如何治療這些「問題」呢？他們會質疑伴侶在愛和性方面的成熟度，宣稱這種激情是幼兒期尋找共生關係的渴望，所以他們的療法就是找出幼兒期的經歷加以分析。或者他們會宣稱，這是因爲正值中年危機的人想藉著激情重拾青春，而解決之道就是分析自信心和老化的過程。

這兩種「療法」的目的不外乎消除伴侶的激情或是使伴侶放棄它，這才是「成長的過程」，而且我們也會變得「成熟」。

專家的建議

專家的建議：解決衝突、成長、性技巧，就這麼簡單？我曾經目睹許多事業有成的人，因爲婚外情而犧牲了事業與婚姻。許多曠男怨女沈溺於激情，拋開理智，而建立婚外的性關係。世間數百樁良緣都因性而破裂了，儘管試盡各種方法，伴侶還是無法將伴侶之愛與激情的性合而爲一，然而他們絲毫不氣餒，依然幻想著，有朝一日能擁有所謂的「成熟」，以及「成爲好伴侶的能力」，雖然這兩者都只是虛構的概念。

「性成熟是種適應我們文化中有限發展的能力，性成熟就是習慣於這種調適，只有那些能夠拒絕花花世界中各式各樣誘惑的人，才能擁有性成熟。」註一〇四

性擁有許多不同的層面，它激起我們無限的想像空間，時常使人失去理智，作出不尋常的舉止，它也會把一些看起來安全或平常的事搞得一團亂，所以人類一再地成爲它的犧牲者，這似乎就是性的功能。

就是因爲如此，人們才會費盡心思要壓抑性慾，但結果卻總是一樣，就好像農夫抱怨說：「爲什麼我的馬偏偏在這時候死了？我好不容易才讓牠們戒掉吃東西的習慣。」我們也聽到了伴侶在抱怨：「爲什麼我們的性慾偏偏這時候消失了，我們好不容易把它導入婚姻中了。」

註釋

註七一：君特・史密特《性關係》，第四五頁。

註七二：引述哈特慕・波辛斯基，基爾大學（Universitat Kiel）。

註七三：摘錄自雜誌《女朋友》（Freundin）二〇〇〇年第一一期。

註七四：引述莫魯斯《性的世界史》。

註七五：請參考《新約聖經》，格林多前書第一三章。

註七六：保羅・維尼（Paul Veyne），《古羅馬的同性戀》（Homosexualitat im antiken Rom）選自《從羅馬帝國到拜占庭帝國》（Vom romischen Imperium zum Byzantinischen Reich, Frankfurt 一九八九）。

註七七：引述自尚・路易・法蘭德林（Jean-Louis-Flanderin）《古文化社會的夫妻性生活》（Das Geschlechtsleben der Eheleute in der alten Gesellschaft），選自《慾望的面具與感性變形》。

註七八：見前註。

註七九：提爾多・波維特《婚姻——最大的祕密》。

註八〇：華特・梅爾西歐（Walter Meichior）《年輕人的愛情入門》（ABC der Liebe

fur junge Leute, a.a.O.）。

註八一：羅伯・強森（Robert A. Johnson）《愛之夢》（Traumvorstellung Liebe, Munchen 一九八七）。

註八二：引述自羅絲瑪利・偉特・恩德琳《伴侶的激情與無聊》。

註八三：菲利普・亞利耶斯，婚姻之愛，選自《慾望的面具與感性變形》。

註八四：提爾多・波維特，《婚姻——最大的祕密》，第一七頁。

註八五：柏格霍夫（S. Berghoff）《女性自尊——女性的負擔》（Frauenwurde – Frauenburde），第二九頁。

註八六：引述自西索・桑陀（Sesso Santo）《神聖的性》（Heiliger Sex, Edizioni Segno, Udine 二〇〇〇）選自《明鏡週刊》二〇〇一年第一期，第一八二頁。

註八七：福克瑪・西格許（Volkmar Sigusch）《慾望與愛情》（Vom Trieb und von der Liebe）選自《性與社會》（Sexualitat und Gesellschaft, Frankfurt 二〇〇〇），第七〇頁。

註八八：馬汀・丹尼克，戲劇《性》。

註八九：引述自戴西勒《教會之十字架》。

註九〇：米歇・福考特等《慾望的面具與感性變形》。

註九一：卡爾漢斯．戴西勒《教會之十字架》。
註九二：君特．史密特《性關係》，第二七頁。
註九三：馬汀．丹尼克，戲劇《性》，第一三二頁。
註九四：君特．史密特《性關係》，第一四頁。
註九五：見前註，第八七頁。
註九六：參考米歇爾．馬利《結束兩性關係的危機》（Schlus mit dem Beziehungskrampf a.a.O.）。
註九七：參考戴西勒。
註九八：見前註。
註九九：亞力士．康福特（Alex Comfort）《性愛啓蒙》（Der aufgeklarte Eros）。
註一〇〇：摘錄自《漢堡早報》，一九九九年二三〇／三九號。
註一〇一：《明星》（Star），摘錄自《漢堡早報》，二〇〇〇年一月三一日。
註一〇二：請參考《新約聖經》，格林多前書第七章一—三節。
註一〇三：《古文化社會的夫妻性生活》（Das Geschlechtsleben der Eheleute in der alten Gesellschaft），引述自《慾望的面具與感性變形》。
註一〇四：馬汀．丹尼克，戲劇《性》，第一四四頁。

第三個謊言

救贖的謊言

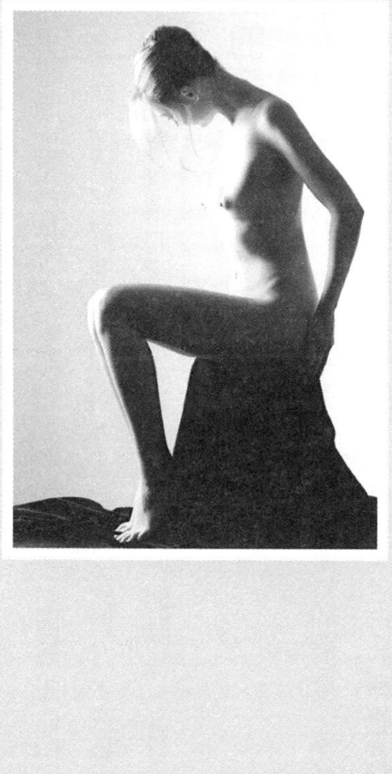

因爲我太愛她了，所以我才不想佔有她。

盧梭

第三個謊言已經流傳甚廣、深入人心，所以我們幾乎無法察覺它的存在，它許諾我們：只要找到合適的伴侶，就能永遠保有伴侶之愛和激情的性生活了。

這種論點引起的後果就是：大家頻頻更換伴侶，只因爲生命中的眞命天子還沒出現，此外，他們也會因此而更嚴苛地要求伴侶，並企圖改變對方，或是對伴侶有滿腔的不滿，最後引發衝突，只因爲救贖的謊言許諾我們理想的伴侶關係，就是永恆激情的愛。

浪漫主義的愛情觀

我們必須先瞭解基督教和市民階級對伴侶關係所持的態度，尤其是他們實際的伴侶關係，才能夠明瞭浪漫主義的伴侶關係，因爲「眞命天子」的理想就是源自基督徒中市民階級的婚姻觀。

前文提到，愛情和理性因素都是市民階級締結婚姻的主要考量，他們期待伴侶能夠負擔家計、滿足性需求，並且善盡忠貞義務。他們希望兩人因愛而結合，但愛情在婚後就該消失，在十九世紀市民階級的婚姻生活中，激情的性生活不具任何意義。雖然社會道德不允許，但已婚男人卻還是不能，也不願意放棄激情。因此，外遇或嫖妓的行爲氾濫，崇高的婚姻之愛與忠誠被棄如敝屣。當時的社會有著雙重的道德標準，人性的慾望被隱藏在市民階級道貌岸然的面具下。

十八世紀和十九世紀間，社會中下階層的同居情形日益嚴重，教會因此嚴厲譴責人們「道德淪喪」，這種情形主要是農民和無產階級日漸貧困所造成的。演變至此，市民階級的理想終於徹底瓦解，並且成爲眾矢之的。

「市民階級的婚姻觀和家庭觀形成的同時，社會上也逐漸發展出許多新的文化思潮和社會運動，例如『狂飆運動』（Sturm und Drang）、浪漫主義、文學的新德國運動（Junges Deutschland）、女性主義以及社會主義等等。」註一〇五

浪漫主義的愛情觀後來居上並深植人心，人們逐漸相信，「眞愛」並不是源於道德或理智、神父的祝福或國家的認可，而是建立在「靈慾合一」之上。唯有和眞命天子結合才能達到這種全心全意的愛，所以，只要覺得伴侶不適合自己，就應該毅然分手，再繼續尋找自己的眞命天子。

受到這種浪漫愛情觀的影響，人們企圖在「眞命天子」身上，尋求一種類似宗教的救贖，他們渴望得到眞愛，從問題重重的關係中解脫。腓特烈．許雷格（Friedrich Schlegel）在一七九九年發表的小說《露辛德》（Lucinde）中就表達了這種浪漫的愛情理想。

西方的救贖觀念

「西方歷史上首次出現了一種集所有矛盾於一身的愛情觀，即融合心靈與肉慾、友情與激情，唯有如此，婚姻才能天長地久。」註一〇六

我們現在就從歷史和宗教上的發展，來探討這種救贖觀念。西元前六世紀，希臘首次出現了一種具救贖觀的宗教註一〇七，其教義為：只要犧牲世俗的一切，人人皆可獲得救贖。基督教接受了這種救贖觀，並將它進一步詮釋為，只要放棄肉體上的享樂，在俗世即可體驗天堂之樂。但是這種觀念卻在一千兩百年之後演變成敵視性的觀念，但是就連修士、主教，甚至是教皇都無法恪守禁慾的教義，因此，五百年之後，基督教也只能要求人們壓抑性慾，並將性禁錮在婚姻中。然而，基督教的努力還是徒勞無功，反而使人們對婚姻制度失去信心，所以只好盲目地把希望寄託在所謂的真愛上，企圖從中尋找永恆的幸福。

時至今日，我們仍然沒有因此得到救贖，但這種浪漫愛情觀的光芒依舊。因為，這種愛情觀從幾世紀來的性壓抑中累積了一股巨大的力量。

「在西方世界，浪漫的愛情擁有巨大的能量，它取代了文化中宗教的地位，人們企圖從愛情中尋求前所未有的感官刺激、高潮與完整的自我。」註一〇八

這種浪漫的愛遲早會出問題，因爲戀愛使人產生激情，若將伴侶關係建立在這種稍縱即逝的感覺上，其結果當然不如人願，因爲激情曇花一現，人們不得不繼續尋找下一段愛情故事。

我們在現代伴侶關係中，可以發現浪漫時期市民階級的愛情理想，這正是所謂「救贖謊言」的基礎，因爲人們一旦墜入情網，就會陶醉在戀愛的飄然感中，並且認定對方就是自己的眞命天子。但是，當他們開始面對平淡的日常生活後，浪漫的朦朧美會逐漸消失，強烈的情感也會趨於平靜，這時失落感便悄悄地爬上心頭。沒有人喜歡失望，因爲這代表著理想的幻滅，所以人們只好安慰自己，這都是因爲彼此並不適合，因此，兩人只好說聲再見，分手後再繼續尋找下一個伴侶。曾幾何時，人們開始相信，只要不斷地嘗試錯誤，有朝一日必然能找到自己的眞命天子。

原來人們尋找的是一個符合所有浪漫條件的眞命天子，忠貞、愛情、激情、信任、親密、友情都是必要條件，但是時間長短卻被大家遺忘了。「時間」，這個被我們忽略的東

西，其實才是問題所在。浪漫的愛會隨著時間消失，慢慢轉變爲伴侶之愛，以浪漫主義的觀點看來，這段關係早已失去了存在的價值。事實證明，看似永恆的神聖愛情，事實上是稍縱即逝的，不過是人世間平凡的愛情罷了。於是我們在時間這個門檻上跌倒了，只因爲我們留不住激情和感情，無法從一而終。這種市民階級的浪漫愛情觀給人們帶來沈重的壓力，因爲它要求人們必須和唯一的伴侶相愛不渝、激情常在。

自私與獨占性

就人類心理層面而言，這種獨佔的愛，主要是因爲母親對子女的重要性日益增加所引起的。在今日社會中，婚姻已經不再是一個生產組織，因此母親得以獨立承擔照顧子女的工作，在人類歷史上，這是個相當新的社會現象。子女在母親身上找到一個可以發展親密關係的對象，這種經驗使得我們期待能獲得另一個人全部的愛，但另一方面，我們心中也時時刻刻都恐懼會失去這個人。我們對自我的肯定以及心理上的安全感，全都依賴著母親的愛。

愛的獨佔慾，以及遭遺棄的恐懼感，在伴侶關係中轉變成忌妒心和忠貞義務。註一〇九正因爲浪漫的愛情觀使伴侶心中產生了過高的期待，其結果如何也就不難預料了，連當時的浪漫派都無法實現自己的愛情理想，更何況是現代的伴侶。儘管如此，浪漫的愛情觀卻意外地對於兩性平等產生卓越的貢獻。

「在兩性的情愛中，女性在精神和肉慾上佔有與男性同等的地位，這是史無前例的。」註一一〇「浪漫時期的愛情觀還提出一種男女角色重新分配的理念，亦即，女性應該培養一些男性的特質，而男性也該兼具女性的要素。」註一一一

女性從此得以與男性擁有同樣的權力、慾望、性需求與激情，而男性也必須具備某些女性的特質，以今日的眼光來看，這是理所當然的事，但在歷經兩千年對女性的壓抑與歧視後，這在當時是個革命性的創新觀念。因此，我們不該全盤否認浪漫主義的理想，畢竟它的某些觀念促進了兩性平等，至少在今日社會中，這種男女角色重新分配的理想，大部份已經實現了。

然而，浪漫主義中靈慾合一、至死不渝的理想卻是失敗了。但是兩百年來這種觀念仍一直留存在人們心中，只是有時形式不盡相同，例如現代的新世紀運動（New－Age－Bewegun），就將浪漫主義下的眞命天子美其名爲「心靈伴侶」，他們認爲在世界的某個角落一定存在著適合自己的另一半，只要我們找到心靈伴侶，就擁有了「永恆的愛」。這

種大海撈針似的尋找就像是齣鬧劇一樣，但是人們卻沒有因此就打退堂鼓。

這種浪漫情懷像是宗教狂熱一樣，將救贖的謊言根深柢固於人心，因爲它道出人們內心深處的渴望，即歸屬感、共生、安全感和救贖。另外，媒體的宣揚與炒作也是一個重要的原因。

媒體的謊言

報章雜誌和廣播電視中，充斥著宣揚浪漫愛情觀的報導，媒體的口號就是：「投其所好，收視必高」。所以我們可以認定，救贖的謊言之所以演變成一種愛情的謊言，媒體的傳播難辭其咎。

浪漫的兩性關係是媒體爭相報導的題材，記者可以天馬行空地任意報導或提供建議，根本不需經過考證。媒體就是抓住現代人對於伴侶關係感到茫然的弱點，因此競相報導所謂的科學研究或客觀的調查。所以，如果今天媒體極力讚揚「忠貞」，而明天卻鼓勵婚外情，也不會引起任何爭議，畢竟，大家寧可相信理想，也不願面對現實。無論如何，我們必須捫心自問，自己是否也助長了浪漫的理想和救贖的謊言，而不是一味地指責媒體。

我在超市的雜誌架隨手拿了幾本婦女雜誌，我想和讀者一起看看，其中到底有哪些無奇不有的招數，可以幫我們找到夢中情人，由於這些雜誌設定的讀者群爲女性，所以這些文章當然也是針對女性而寫的。

媒體慣用的伎倆

我們從最入門的「尋找白馬王子的技巧」註一一二開始，文中共介紹了四種方法，首先是約翰．葛雷法（John Gray-Method），這位頗負盛名的作者在德國授權給十三位講師來推廣他的方法，這些講師被高薪禮聘，在全長八小時的課程中，傳授找到眞命天子的絕招。資質過人的約翰．葛雷推算出，每個人都有「兩千個潛在伴侶」，理論上這兩千人能在八小時內找出。看來這種運用數學的方法好像眞可以幫我們找到夢中情人了。

但是這種方法大概只能取信於美國人，歐洲人可能較能接受「星座晚餐法」（Astro-Dinner-Method），這是科隆的「圓夢社」（Wunschtraumagentur）所精心策劃，將星座分析與男女聚餐結合在一起。星座不會騙人，而且俗話說「要抓住男人的心，要先抓住他的胃」，所以圓夢社的社長很驕傲地說：「我們的成功率之所以這麼高，完全是因爲我都是安排伴侶在最佳的行星排列時段見面。」顯然星象也有出錯的時候。

不喜歡這種方法的人，可以選擇「心理分析法」，這是一種短期療法，一針見血，立即測出你的性向，使你在短時間內透視自己的潛意識，成效一定斐然，有位心理分析師就強調：「我因此常受邀參加婚禮。」你們看，趕快報名參加短期心理治療吧！

負擔不起如此昂貴療程的人，不妨考慮「多媒體法」，上網看看徵友網站。但是這種方法的效果較差，如果連續試了三次鎩羽而歸，千萬別放棄，要再接再厲，繼續努力。

如果還是一無所獲也別氣餒，還有其他的辦法，因爲有本雜誌信誓旦旦地寫著：「你的夢中情人就在這兒！」註一一三此外，廣告上還寫著：「尋找白馬王子的女性們，七百個候選人，任君挑選。」「只要登個廣告，保證情書如雪片般飛來。」即使找不到伴侶，至少還有情書可看。女性朋友也可以參加「找樂子」單身旅行團，在旅途中邂逅白馬王子，他們還擔保參加者可以當場交往看看，不滿意立刻退換。

如果你認爲，這些方法沒什麼用的話，那你就大錯特錯了。百分之五十的德國家庭是由單身貴族組成的，而且據媒體報導，這些人依然還在尋找另一半，所以我們絲毫不能鬆懈，否則一不小心就會和眞命天子擦身而過。

說到擦身而過，如果大家不捨近求遠的話，事情就簡單多了。若你敢和好朋友發生性關係，就如「性的九種訣竅」註一一四中建議的，或許你就得救了。這本書的作者是位心理學家，她宣稱：「愛情源自於兩人的共同點，並非差異，而我們正巧和好朋友擁有相同的話題、興趣和想法。畢竟，友情中加入性關係不難，但從性關係要發展出友情就沒那麼容易了。此外，美好的性關係必須建立在互信的基礎上，我們絕對能信任好友，或許這種關係並不是轟轟烈烈，但卻可以長期維持下去。」

這聽起來的確合情合理，好像是個可行的辦法。兩人之間本來就有友情，現在只要再加上性關係就成了。我們以前怎麼沒想到呢？但是，很可惜的是它有個缺點，就是少了激情。沒有人願意放棄激情，伴侶關係至少該有一段激情才算數罷！

沒關係，先別急！這點伴侶關係自然會調適，因爲，根據一項調查顯示：「相較於女人，更多男人不贊成這種說法：『伴侶相處幾年後，慾望會自動消失。』」這簡直令人難以置信，高達百分之七十二點二的男人竟然都宣稱：「伴侶關係越長久，兩人的性生活就越美滿。」註一一五

我們明知事實的眞相如何，但卻都不敢大聲說出來：德國男人其實沒有那麼想要忠於唯一的伴侶，以獲得更美滿的性生活。或許你和我一樣，都是屬於另外的百分之二十七點八（這個調查一定很精確，它甚至還估算到小數點後第一位），我們都是不正常的，因爲我們無法對伴侶忠貞，或者是我們太愚蠢了，所以找不到可以共享美滿性生活的伴侶。無論如何，我們對愛情還是要有信心！

至於那些已經放棄希望，只好將就平庸伴侶的人，現在又可以重燃希望了！妳們何不著手改造伴侶，將他塑造成自己的夢中情人，這是個既經濟又實惠的方法，無須再爲愛走天涯了，我們以前怎麼沒想到這個辦法呢？這都怪我們以前沒有拜讀過專爲女性同胞寫的「男人需要再教育」[註一一六]和「保證成功的十大策略」，也從來不知道該如何操縱伴侶，把他當成一項改造的「工程」。只要能夠成功地改造伴侶，就能輕鬆擁有夢中情人了，這辦法絕對有效！

但是，如果這位被改造的男人下意識地抗拒性行爲的話，我們也就不必過於訝異了。不過，對女性而言，這情形沒什麼大不了的，一份「驚人的報告」[註一一七]揭露了「男人的神祕性感帶」（什麼時候男人又有連他們都不知道的性感帶了？）所以女性們，心動不如馬上行動，不要再遲疑了，不過千萬別忘了要事先「暖身」喔！這樣才能把握先機。

如果這個辦法還是不如想像中有效，別灰心！「性愛指南：一百種銷魂性遊戲」[註一一八]一定能幫助你走出性低潮，體驗到「令你渾然忘我的罪惡、感官刺激與禁忌遊戲」。

如果你已經試盡各種方法卻還找不到伴侶，而且還沒被逼瘋的話，我們還有最後一招，你可以參考「情趣用品大觀」[註一一九]，只要有情趣用品，女人不需要依賴男人，就可以「自己來」了。在性幻想的國度中，她終於邂逅了夢中情人，他化身爲電動按摩棒或催情神仙水與她共度春宵。但是這種方法只會使我們身心俱疲，頂多從中獲得一點樂趣，我們不願相信，這會是所有人的夢想。這些協助大家找到夢中情人的方法，說穿了不過是從婦女雜誌拼湊出的似是而非、言不及義的概念，簡直就像疲勞轟炸一樣。

夢想開始幻滅

只要我們有一絲一毫相信媒體的報導，就會認定美滿的終身伴侶關係必然也有美好的性生活，而且自己想像其他人的性生活一定也很頻繁，但是事實並非如此。現實生活中的確有人人稱羨的神仙美眷，但通常卻只維持幾個星期或幾個月，頂多幾年。然後終身伴侶關係就開始產生變化，從熱戀變成愛情，之後隨著兩人之間日漸熟悉，關係日漸平淡，激情慢慢消失，夢想也隨之幻滅了。

如果我們能以平常心看待，這種變化其實也沒那麼糟，但是媒體卻無時無刻不在宣傳救贖的謊言，報導一些表面上看來很恩愛的伴侶，企圖說服大眾，達成這理想並非難事。我們也一再看到幸福洋溢的伴侶，如夢似幻的婚禮，便認定這些伴侶一定也能攜手共度婚姻中的難關，白頭偕老。萬一有些婚姻如曇花一現般，很快就結束了，媒體也只是輕描淡寫的報導：「他們曾經是人人羨慕的恩愛伴侶啊！怎麼會這樣呢？」，這段關係就不清不楚地結束了。網球選手貝克（Boris Becker）和芭芭拉（Barbara）的婚姻就是如此，當年他們成功地挽救了婚姻，重拾激情，繼續共度人生。但是現在他們分居了，贍養費高達幾百萬馬克，媒體和大眾都跌破眼鏡，急切地想找出原因，他們兩人到底「做錯了」什麼？

心理學家和治療師早已發表他們的看法，並且爲讀者提供了解決之道。由於他們只是一味地將責任歸咎於伴侶沒有努力維持激情，所以我們很難識破救贖的謊言。正因爲如此，才使得人們無法斷絕對於愛情和夢中情人的憧憬，即使現實生活完全不是那麼一回事。

因此，懷抱浪漫主義愛情觀的人，只有不斷地尋尋覓覓，一直到精疲力竭爲止。當他們經歷五次或十次「眞愛」之後，再也沒有力氣去推動如此沈重的伴侶關係，這時幻想破滅、夢想不再，他們也只好降格以求。事實上，只要我們期望越少，目前的伴侶也就越像那個眞命天子，無論如何，他總比上一個來得好，而且聊勝於無。這樣的自我解嘲，終究有益於伴侶關係。

如果我們仍然執迷不悟，最後大概只能擁有一段殘破不全的伴侶關係，甚至永遠和愛情絕緣。終身伴侶關係也因此變成一個遙不可及的夢，剩下的只是孤獨與絕望。

因此我奉勸各位追夢人早日看破救贖的謊言，在你還沒完全放棄終身伴侶關係之前，早日覺悟，否則下場可能會落得和以下故事中的男主角一樣，孤獨地終老一生。「從前有位名人終其一生都在尋找他的夢中情人，在他八十歲時，記者問他，是否曾經遇到他的夢中情人，他表情憂鬱地回答：『有的，我四十歲時曾經遇到過，可惜，當時她也正在尋找她的白馬王子。』」

註釋

註一○五：何勒·先克《自由戀愛——同居》，見前註，第一二三頁。

註一○六：何勒·先克《自由戀愛——同居》，見前註，第一二七頁。

註一○七：卡爾漢斯·戴西勒《教會之十字架》。

註一○八：羅伯·強森《愛之夢》。

註一○九：參考米歇爾·馬利《傾聽內心的聲音》（Begegnungen mit dem Inneren Kind），一九九九年。

註一一○：何勒·先克《自由戀愛——同居》，見前註，第一二六頁。

註一一一：何勒·先克《自由戀愛——同居》，見前註，第一二六頁。

註一一二：摘錄自雜誌《活力》（Vital），二○○○年第二期。

註一一三：摘錄自雜誌《找樂子，單身雜誌》（Fit for Fun - Singelmanazin）二○○○年第二期。

註一一四：摘錄自雜誌《Cosmopolitan》二○○○年第二期。

註一一五：摘錄自雜誌《找樂子，單身雜誌》二○○○年第二期。

註一一六：摘錄自雜誌《珮脫拉》（Petra）一九九九年第十一期。

註一一七：摘錄自雜誌《女朋友》，二〇〇〇年第四期。

註一一八：摘錄自雜誌《瑪西》（Maxi）二〇〇〇年第二期。

註一一九：摘錄自雜誌《珮脫拉》（Petra）一九九九年第十一期。

第四個謊言

性技巧的謊言

性愛才是這個世界上眞正的世襲君主。

叔本華

第四個愛情謊言直到現代才出現，其內容爲：

「擁有豐富的性知識和技巧，性生活才會美滿。」

換句話說，擁有高超的技巧和深入瞭解性愛的人，就能永遠保持伴侶之間的激情和慾望。這種現代的謊言主要是透過性學家、心理醫師和密宗傳人廣爲傳播的。他們宣稱，藉由特定技巧的練習，我們就能一直維持美滿活躍的性生活。

這謊言意味著，性是一種體能的表現，可以經由「苦練」提高品質，而性需求的滿足更成爲伴侶相互間應盡的義務。

激情的技巧

在基督教的道德箝制下，性技巧和特別講究的性愛藝術，就只能在婚外性行爲中發展，畢竟當時婚姻的主要目的是傳宗接代和鞏固家族勢力，雖然性被視爲夫妻應盡的義務，但是夫妻間的激情應該要逐漸「冷卻」，而不該刻意提升或繼續維持下去。註一二〇

當時只有姬妾和妓女爲了取悅尋歡客，才需要學習精湛的性技巧。在中世紀時，新興的城邦中，學習性技巧蔚爲風潮，甚至同性戀者也不例外。連在宮廷中也掀起了一陣性技

巧的風尚，甚至是追求共生理想的浪漫派也將性的角色分配拋諸腦後，因爲在此之前，男人在性行爲中一向扮演著主動的角色，女性則只能被動的接受。

這種在婚姻之外追求感官享樂的性技巧遲早會轉移入婚姻中，但是這種改變並不是出於夫妻本身的意願或受性慾所驅使，而是形勢所逼。教會爲了挽救婚姻制度，只得放棄了它原本的教條（愛妻子如情婦是最可恥的事）註一二一，因爲隨著社會環境的變遷，婚姻不可追求肉慾的禁令導致婚姻制度岌岌可危。

二十世紀初，人們開始有系統地改善婚姻中乏善可陳的性生活，當時新興的學科——性學註一二二，首次針對婚姻中的性技巧進行研究註一二三，但直至第二次世界大戰後，金賽性學報告、威廉·邁斯特（William Masters）和維吉妮雅·強森（Virginia Johnson）等人的研究方才帶動性學研究的蓬勃發展。

邁斯特和強森被視爲今日性療法的鼻祖，他們有系統地進行臨床研究，自然能夠一窺夫妻間性生活的究竟，他們診斷出婚姻性生活缺乏情趣的主要原因在於，夫妻普遍缺乏性行爲的生理知識，又對性高潮有著明顯的心理障礙。於是他們驟下斷言，將正常的性功能定義爲一種能夠達到性高潮的能力，並且創立了所謂的「性診所」，還進一步規劃了「性治療計畫」。從此以後，共同體驗性高潮成了夫妻性生活的最高目標。伴侶必須參與性愛啓蒙的療程，並且練習一些煽情的技巧，才能達到這目標。

儘管長久以來，漸漸有人反對將性高潮視爲正常性功能的唯一指標，並試圖以伴侶雙方的眞實感受取而代之，但是性功能障礙的觀念卻仍然存在。註一二四

「只要伴侶雙方都對性生活的品質和頻率感到滿意，就代表一切正常，無論是一年一次或是一天一次都無所謂。」註一二五

可惜這類非主流派的觀點終究無法獲得多數人的認同，對許多專家和伴侶而言，性高潮仍是性的最高境界。目前這類觀點又進一步超越單純的性高潮，現在衡量性功能的標準又加上時間長短和次數多寡等因素，其標準更有所謂「絕對」與「平淡」的高潮，以及「單一」與「多次」的高潮等等。

如果你相信自己已經受過性啓蒙而且性經驗豐富，當然也精通各種性技巧，那你就大錯特錯了。就算今日的性學已經逐漸對僵化的高潮論做出讓步，但它仍舊將夫妻間的互相滿足，視爲婚姻中不變的義務，因此，性學便「完全將注意力集中在所謂的性冷感與無力提升性慾的病例上。」註一二六

今日性學研究的主要對象是婚姻或終身伴侶關係，在這個領域中，他們才能找到市場需求，並得以大展身手。正因爲那些在固定關係中性慾消退的伴侶，都能被診斷爲性功能

障礙，進而打開性學治療的市場。爲了克服並治療這些所謂的性功能障礙，有些人甚至運用了令人驚異的方法，安德烈．貝京（Andre Bejin）就描述了其中兩類：

「第一種方法是透過嫖妓達到『重建』的目的，而且是在性學的嚴格監控下，完成性功能障礙的預防與治療。第二個方法則是破除自慰病態化的迷思。」註一二七

這的確很不尋常，人們想要改善婚姻或伴侶間不協調的性生活，卻需要藉助婚姻或伴侶關係以外的性行爲，「在性學的嚴格監控下」，以嫖妓或自慰的方式達成目標。性學治療竟要將其工具隱藏在「性愛的自由市場」中，馬汀．丹尼克就曾批評，這種方式不過在重建伴侶關係初期的陌生感而已：「我們必須將那些墮落腐化又猥褻的元素加入性愛之中，各種禁忌都被搬上舞台，性感內衣、挑逗的言語或是欲迎還拒，無所不用其極。」註一二八

一到夜晚，夫妻就搖身一變，裝扮成妓女和嫖客，沈寂已久的慾火就此重新點燃。更荒謬的是，爲了維持所謂伴侶關係中成熟的性關係，竟然要靠那些看來不成熟的性行爲和幼稚的青春期經驗。那何不乾脆將嫖妓列入療程中還比較誠實些，當然性學家還不至於這麼離譜。

上述的方法若要成功，還必須除去伴侶心中所謂的「偏見」，例如「性是種隨興的行爲」這種想法即是不可取的。因爲專業的治療師可不這麼認爲，他們不相信性會憑空從天上掉下來，性需要外在條件的配合，但這也很容易安排，就像底下這段對話，這是我根據性愛療程所設計的：

「我們何不將星期四訂爲激情之夜？我們騰出晚上七點至十點，早早送孩子上床，放點浪漫的音樂，再灑些誘人的香水。我會準備最新的A片，妳每次都可以嚐試新的姿勢，或是專家建議的技巧練習。」

「親愛的，眞是個好主意！但是我覺得星期天比較合適，因爲星期四是保齡球日。而且星期天我們會上教堂，所以晚上可以稍微放縱一下，這樣甚至更刺激呢！」

這情形有點類似情侶約會時會刻意營造浪漫的氣氛一樣。其實這例子不算是憑空揑造出來的，德國雜誌「明星週刊」（Stern）就曾呼籲「救救性吧！」它建議的方法很簡單，只要「多多做愛」即可，理由是：

「放手去做就對了，不需特別的時機才能做，不要等到兩人都感覺到體內的騷動，才自然發生性行爲，因爲這種美妙的時刻是永遠不會降臨的，至少不會在日常的柴米油鹽、奶瓶尿布或工作壓力下。所以我們才需要精心安排這銷魂的一刻。我們的箴言是：今夜十

點上床好嗎？我準備一瓶美酒，你準備好蠟燭。」註一二九

性愛當然是可以事先安排好的，只是這個夫妻事先約定的性愛日，最後會不會演變成「性愛殺手」呢？因爲，當做愛變成一種義務時，又有何情趣可言。

但是性學家提供的療程不只這些約定的時間或特別的行爲模式，他們還有其他各種不同的方法和練習，例如「妳何不穿著性感內褲迎接老公進門」，或者「試試在野外做愛」，最後，他們當然還提供許多特別的性技巧。

美國加州大學醫學系的性治療專家洛尼・巴巴赫（Lonnie Barbach）提出如下的建議：

「無論你們在一起五十天或五十年，這練習會爲你的性生活注入活力並增添不少樂趣。」「最重要的是，你能體驗性生活的緊張刺激，並樂在其中。」，而且「保證讓你回味無窮。」註一三〇

看來這是個可以治百病的祕方，只是，你眞的相信這些練習嗎？先別抱怨，自己親自嘗試看看，就能立刻享受到快感，比方說，另一位美國著名的性治療專家博尼・辛博格德（Berni Zimbergeld）的著作所介紹的練習。

書中介紹的方法名爲「美妙性愛的要素」，首先和伴侶進行一段簡短的訪談，找出伴

侶的性偏好，二十年來不敢說出口的話，伴侶現在竟然可以在短短的訪談中吐露心聲。這時洛尼·巴巴赫可能會建議：「至少騰出一小時充分放鬆心情，兩人可以輕吮對方的腳趾，愛撫秀髮，在客廳壁爐前的地毯上做愛。」接下來就可以列出一張伴侶性癖好清單，下次做愛時要做到其中兩點，而且「千萬別忘了，要做兩件瘋狂不羈的事喔！」

如果你覺得這種方法太過膚淺了，也沒興趣做些體操練習或辦家家酒的遊戲，那倒可以嘗試心理分析法，因爲很多伴侶其實只是「忘記了他們過去曾經深深爲對方所吸引」。註一三一

這個理由未免也簡單得可笑，但是它自有其誘人之處。伴侶只不過將激情「遺忘了」！結婚二十年後，他們又「想起來了」，或是這麼說比較貼切，是治療師幫他們「恢復記憶」。相信這種心理分析技巧能夠重新點燃激情的人，會輕易掉入所謂「神經語言學」註一三二的陷阱中，盲目地將美國心理學家的理論照單全收。這些人聲稱可以幫助伴侶點燃被遺忘的慾望，更能夠「創造一個充滿希望的未來：人人都有充分的自由和能力去選擇自己想要的情緒。」註一三三

太完美了！所有的一切都是可以自己創造的！感情、激情、慾望，有志者事竟成。這眞是個天大的好消息啊！可惜，那些試盡各種方法想重拾激情的人，大都沒有達到預期的

目標。

當性成爲例行公事時

有位先生在諮詢時說道：「我太太不再吸引我了，可能是因爲我不能忍受她下垂的乳房。接受諮詢時，我們達成共識，以後行房時，她戴上胸罩將胸部撐起來。起初我還滿喜歡的，但是到後來我根本不敢直視她的眼睛，我無法假裝她不是我太太。所以我只好採取背後的姿勢，即使如此我還是覺得不舒服，我覺得這根本是自欺欺人，對我們兩人都不公平。」

後來她的太太發生了婚外情，她說：「是習慣破壞了一切。別的男人可是很喜歡我的胸部。從此以後，我就不再玩那種把戲了。」

性技巧到底有沒有幫助呢？對某些人而言，性技巧和練習的確能達到自我解放的效果，但是遲早它還是會變成一種例行公事，性生活又會慢慢回復以往的枯燥乏味，第二春還是會再度劃下句點。從此以後，伴侶心中可能會產生一股恐懼感；「他馬上要來吸吮我的腳趾，摸我的頭髮了。」或是感到厭倦：「現在又要去壁爐前的地毯了。」

但是我們也別批評得太早，或許上述的方法過於簡陋粗糙，應該還有其他方法吧。想要體驗性的歡愉，永享美滿的性生活，就必須深入了解性的奧祕，不斷地學習，唯有如此，才能揭開性的神祕面紗，掌握生命中最原始的力量。

性不再是禁忌話題

十五年前，有關性技巧的資訊只能從性診所、性治療研習營、或是書店中有關心理或星象命理的書架上找到。今日，情況已大大改觀，甚至連「畫報」（Bild）都察覺這個趨勢，刊登「性的最後祕密」註一三四的系列報導，爲讀者揭開性的神祕面紗，報導中透露性學研究對性高潮的定義：「性高潮是男女雙方共享身體與感官爆炸性的快感」。因爲一位美國學者發現：「男人也能享受多重高潮，甚至特別密集呢！」所以，男人們，你們要有心理準備，因爲「男人必須要學習將性高潮和射精看成兩回事」，而且「在經歷不射精的高潮後，可以馬上繼續下一回合。只要你們喜歡，做幾次都沒問題。」

做幾次都沒問題？那些常常抱怨伴侶兩三下就完事的女性同胞有福了，專門爲重視性高潮的男士所開的課程可不好混，男人必須辛苦地鍛鍊下半身與陰莖的肌肉（尤其是恥骨尾端的肌肉），每個程序都馬虎不得，首先，你必須練習控制恥骨尾端的肌肉，逐漸加快收縮的頻率，直到肌肉能夠持續五秒保持緊繃爲止。這需要一段時間的苦練才能體驗到不射精的多重高潮，男士們，趕快縮緊你們的精門，以免早洩。這方法保證有效，而且有益於婚姻生活，因爲「特別是遠東地區的妓女，她們在幾千年前就學會這種方法了。」妓女又再一次促進婚姻之愛了。

激情是否有極限

一九六〇年，一本名爲《接吻的技巧》註一三五的書出版了，這本教人如何接吻的書總共有一百一十頁。今日，這類的書籍比以前更精緻而且包羅萬象，一點都不遺漏，但是今日社會，終身伴侶關係和性關係的矛盾依然存在，而伴侶關係也沒有因此倖免於激情消退的困境，反之，卻面對了伴侶之間逐漸疏離的難題。

「如果有一天人們對性的需求、慾望與享樂，必須用產能或功效的標準來評量，我們的性經驗，將不只失去感情的層面，就連感官知覺也將消失殆盡，因爲大家只重視技巧與目的。」註一三六

幾百年來，伴侶們懵懵懂懂地在性愛的黑暗國度中摸索，心驚膽跳地試探道德的尺度，大膽地挑戰禁忌並淪爲慾望的奴隸，因征服而欣喜，但卻時時刻刻冒著被拒絕的風險。

這種驚險刺激的時代已經過了，現代的伴侶可以從容地準備好最佳的性技巧，帶著導引G點與製造高潮的羅盤和地圖，從容地前進，並塑造自己想要的性行爲。這是性啓蒙的一大進步，也是性技巧的一大勝利，再度將激情推向另一個高峰。但這麼做是不是又爲性設下了限制？這種人造的激情是否也有極限？

「儘管人們都自以爲完全接受了性開放的觀念，但他們內心仍渴望那些消失的禁忌和性遊戲（追求享樂的慾望）不會自動消失，即使性的所有限制都不見了。」註一三七

我們遲早會察覺，性技巧的療效只不過是一種愛情謊言。因爲所謂的性技巧大部份是些幾千年前的技巧，這不就證明它們不具有神奇的療效，說穿了不過是喚起童年共生的願望和浪漫的理想，這些技巧頂多只是增加幾種伴侶性愛的方式而已。伴侶的激情根本無法靠性技巧來維持，因爲，性技巧本是在婚外性行爲中形成發展的，事實上也只能在婚姻外發揮最大的功效。

無論如何，眞正的性學大師——密宗大概已經在抗議上述的論點了，我們現在來探討密宗吧。

密宗的迷思

今日，西方社會將密宗視爲將感官敏感化和性技巧精緻化的途徑。目前的密宗「導師」多半來自心靈控制身體的訓練或是人本心理學。據說他們擁有高度的悟力，能夠透視深奧的祕密以及深藏不露的智慧，甚至及於愛情或性方面。它的信徒雲遊四方，遠從甘地在印度的隱居地亞敘旺（Ashram）和喜馬拉雅山的洞穴中，以及荒原與叢林中巫醫身上，蒐集了至今鮮爲人知的神祕知識，感謝他們，那些需要幫助的人有福了。

密宗的智慧許諾人們：

「這是上天賦予我們的權利，享受性高潮，終身無止盡地體驗情慾，我們眼睛發亮、身體因興奮而顫抖著，帶著歡笑與愛意走向人生之路，獨自一人或攜伴而行，日復一日。」註一三八

這種體驗是只有經過修行後的登堂入室者才能得到的眞傳，他們必須修習一些特殊的課程，來證明他們入門的決心。此間，他們會接觸到「更高深、更完美」的境界，探索「全新」的自我。藉此帶領他們進入未知的世界，他們的身體充滿能量，這種「純粹的」

能量將使他們達到靈慾合一的境界，最後進入「愛的殿堂」。

密宗的神話

密宗被視爲一種道，甚至是一種新的生活方式，凡是參與課程的人都會被接納，成爲這個追求智慧的大家族的一份子。

「我們不僅都是密宗的同好，我們亦師亦友，共同創造一個新的神話，一種人類新的存在方式。」註一三九

這是個新紀元的開始，是眾人獲得救贖的最好的方法。人類經過幾十萬年的演化之後，又有新的存在形式產生。許多人夢寐以求的正是這種性愛天堂，所以紛紛求助於各式各樣的課程或是星相命理的療程，這些課程對性關係並無大礙，但是，如果他們寄望藉此獲得新的生存意義和新的理想，或想藉此挽救伴侶關係的性生活，那他們不只是太過天真或愚蠢而已，還可能對自己造成傷害。有位先生現身說法：「我生活在兩個不同的世界。在眞實世界中，我是個業務經理，另一方面，我還活在密宗的世界中。其中一個世界陰鬱灰暗充滿痛苦，另一個則是多采多姿令人沈醉其中。但是，我找不到兩者的連接點，我覺得自己被撕裂成兩半。」

這種運用性技巧的方式，不禁令人聯想起中世紀時東方的一些統治者。據說，這些統治者會偷偷地對貼身侍衛下鴉片，這些侍衛一醒來就發現自己置身於金碧輝煌的房間中，美酒佳肴，美女環抱，春色無邊，這就是天堂了。沒多久他們又被同樣的手法迷昏，醒來後又回到冷酷的現實中了。這時統治者便告訴他們，他擁有神奇的法術，隨時隨地都能送他們上天堂，之後便偶爾要耍這種伎倆，以證明自己的法力。他們唯有透過統治者，才能再上天堂。如此一來，統治者就能操縱侍衛，無論上刀山下油鍋，他們都唯命是從。

我們不得不承認，現代「救世主」的手法高明多了，因爲他要求的只是定期匯款而已，不是你的生命，不過兩者本質大同小異，過去是藉助鴉片，令人飄飄欲仙，今日則是用性技巧來拯救慾望消退的危機。當然這些都只是假象而已。

我們以客觀的角度來觀察，密宗講求的是一種高度發展的性技巧，它所開授的課程說穿了只是「高級換妻俱樂部」，就是在雙方同意下，有組織的進行性行爲，唯一的差別在於，換妻俱樂部的目的只是爲日常的性生活增添一些變化和樂趣，並不是將它視爲拯救性關係的方法。

無論如何，不論是密宗或是精進性技巧都無法挽救婚姻中的性生活，它們頂多只能治標而不能治本。我們從專家的婚姻就可以得到印證，因爲不少專家都是接連著更換伴侶，或是發生婚外情。一九九二年，六十七歲的威廉·邁斯特和七十六歲的維吉妮雅·強森，這兩位性治療的鼻組終究也難逃離婚的命運。註一四〇

性關係的結束

現代社會中，專家大肆宣揚性技巧，並且美化了性高潮，還有密宗講求的性愛藝術，以及臨床的性治療，種種因素都使伴侶覺得自己必須滿足另一半的性需求，性變成了夫妻應盡的義務。很奇怪的一點卻是，情侶在熱戀期並不需要盡到這類的「性義務」，爲什麼幾年後就需要呢？運用這些高明的性技巧雖能重新點燃因習慣而漸熄的慾火，但那些安於平凡生活、不再追求冒險刺激的人，卻也會被折磨成精神錯亂。

根據「性生活需要經營」的邏輯推論，我們可以藉由性技巧重拾激情並享有美滿的性生活，完全無須顧及心靈與情感層面。

爲什麼伴侶就一定能成功呢？就因爲我們在五年前、十年前或十五年前曾經相愛過嗎？那麼，戀愛不過只是通往浪漫理想這個塵封已久的房間的門罷了，唯一的差別在於，這扇門並非時時敞開，我們每次都得費盡心思才能開啓。

眾人對性技巧雖寄予厚望，但其功能卻顯然相當有限，因爲，只有當伴侶雙方都有著

類似的性需求以及互相聯繫的強烈激情時，性技巧的運用才有意義，否則兩人的性行爲只會淪爲妓女與嫖客的關係，不過是互相滿足對方的需求罷了。這情形如果發生在熱戀期，互相滿足的需求或許會被強烈的愛意所掩蓋，但在長期伴侶關係中，這卻令人難以忍受，例如「親愛的，今天輪到我了喔！」這類的要求，將會被伴侶所拒絕。

「性關係需要努力經營」的理念，最多只是表面上滿足了伴侶的慾望，其實性生活已經對他們造成壓力，據說連男人也開始假裝性高潮，藉此逃避應盡的義務，以求得片刻安寧。或許有那麼一天，第一批拒絕這類性義務的人會從陰影中站出來，他們將拋棄由性學家、媒體、心理學家與密宗所建構的新道德與義務。屆時，一切就會變得有趣多了，因爲性行爲將會擺脫那些人爲假造的意義，它不再是伴侶應履行的義務，而再度回歸自然，也就是簡單的人性需求。

註釋

註一二〇：菲利普．亞利耶斯《婚姻之愛》，選自《慾望的面具與感性變形》，第一六九頁。

註一二一：希羅尼慕斯（Hieronymus），《Adversus jovinianum》，第四九頁。

註一二二：安德烈．貝京（Andre Bejin）選自《慾望的面具與感性變形》，性學始於西元一八四四至一八八六年之間，並且於一九二二至一九四八年之間開始蓬勃發展。

註一二三：參考提爾多．菲爾醫生（Theodor Hendrik van der Velde），選自《君特．史密特》。

註一二四：例如博尼．辛博格德（Bettina Zimbergeld）所提出的性迷思。

註一二五：漢堡性學家貝蒂娜．辛瑪特，二〇〇〇年一月的訪問。

註一二六：安德烈．貝京《心理分析學的衰退，性學的興起》（Niedergang der Psychoanalyse, Aufstieg der Sexologen），選自《慾望的面具與感性變形》，第二四一頁。

註一二七：同上。

註一二八：馬汀・丹尼克，戲劇《性》，第二七頁。

註一二九：《明星》雜誌，二〇〇〇年七月二十七日。

註一三〇：洛尼・巴巴赫（Lonnie Barbach）《五十種全新性體驗》（50 Wege zu neuer Lust），柏林，一九九九年。

註一三一：引述自羅絲瑪利・偉特・恩德琳《平淡的家庭之愛》（Familienliebe ohne Leidenschaft），選自伴侶的激情與無聊。

註一三二：神經語言學(NLP)，目前心理治療市場中非常受歡迎的一種療法。

註一三三：雷思理・柯邁隆・班德勒（Leslie Cameron-Bandler）和米歇爾・雷柏（Michael Lebeau），EQ（Die Intelligenz der Gefuhle），派達波（Paderborn），一九九〇年。

註一三四：摘錄自報紙《畫報》（Bild-Zeitung），二〇〇〇年二月三日。

註一三五：《接吻的技巧》（Kussen - aber wie?），史密茲出版社（Verlag W. H. Schmitz），慕尼黑，一九六〇年。

註一三六：安德烈・貝京《性學的權勢與性自主》（Die Macht der Sexologen und die sexuelle Demokrati），選自《慾望的面具與感性變形》，第二六三頁。

註一三七：馬汀・丹尼克，戲劇《性》，第二七頁。

註一三八：米歇爾．普列思（Michael Plesse）和嘉布列．聖克雷（Gabriele St. Clair）《感官之火，心中之光》（Feuer der Sinnlichkeit, Licht des Herzens），慕尼黑一九九二年，第一三一頁。

註一三九：同上，第二四五頁。

註一四〇：凱思汀．凡．希朵，摘錄自雜誌《家庭動力》一九九八年第四期，第三九六頁。

第五個謊言

伴侶的謊言

人在戀愛時，開始總是欺騙自己，

最後以欺騙他人結束，世人稱此為羅曼史。

王爾德

伴侶的謊言為：

「伴侶彼此自欺欺人，假裝他們的關係有多麼美滿。」

伴侶的謊言包括：不惜任何代價以維持慾望，假裝性高潮，隱瞞對性生活的失望。伴侶的謊言其實是一種自欺欺人的謊言，更使得伴侶不僅對自己，也對另一半要求太過嚴苛，造成彼此的負擔。由於彼此不再坦承以對，也失去了信任感，終於導致兩人漸行漸遠。

我先舉一個實際的案例來解釋伴侶的謊言。這對伴侶本來考慮去接受婚姻諮詢，後來又改變主意，決定接受我的諮詢，這對伴侶所面臨的正是最典型的「伴侶的謊言」。

他們倆在兩年前認識，當時兩人因志同道合而彼此吸引，一開始他們的關係並不是建立在性關係上。起初兩人都覺得彼此像好朋友一樣，直到一年後才發生性關係，但也不是那種乾柴烈火的激情。之後，他們之間仍然沒有慾望，反而是彼此在心靈上互相信任依賴。但是過去幾個月來，兩人之間的和諧被性慾破壞了，先生越來越常要求和太太行房，但是太太還是和以往一樣缺乏性趣。

兩人間的這種困境，正是導致伴侶謊言發生的最典型狀況。她所追求的是身體上的親密接觸，是一種安全感，而他同樣也是追求身體上的親密接觸，但要求的卻是性行為和美妙的性高潮，於是兩人間就展開了一場權力鬥爭，各自都試圖要貫徹自己的意志，同時也都否認自己只是追求一己的私利。

這位太太說，她本來就缺乏性趣，她期望伴侶對她要有耐心，彼此才能建立更深刻的信任感和親密感。她還保證，隨著信任感的增加，她自然會產生慾望，可惜現在時候未到，正因為他操之過急，對她造成很大的心理壓力。先生反駁說，他就是想從太太那兒滿足他的需求。再說，他想用性來表達對太太的愛意，如果她能夠克服「心理障礙」，慾望自然就會產生，可惜她一直在抗拒，所以才無法成功。

這對夫妻在鬥爭時都將對方病態化了，先生指責太太有「心理障礙」，而太太則指責先生是「好色之徒」。這兩人互相詆毀，也破壞了他們的關係，起初在這段關係中，性關係根本是無足輕重的。他們找盡各種藉口互相指責，但就是不願承認，他們倆之間僅僅存在心靈上的聯繫，而缺少性關係。

顯然是他們對性的需求不同，所以才造成兩人之間衝突，如果是其他方面興趣的差異，根本不會造成任何問題，唯有在性需求不同這件事上，他們卻完全不願承認這個簡單的事實，也不願面對問題。

對於我下列的問題，他們的意見倒是一致，我問他們：「有些人可以接受沒有性的伴侶關係，你們的關係有沒有可能也是如此？」他們倆都非常生氣，拒絕接受伴侶關係可以沒有性關係的想法。

在他們的觀念中，性關係非常重要，但在他們實際的伴侶關係中卻非如此。可是他們無法接受這事實，只因爲他們認爲這樣是不對的，而且後果不堪設想，先生不禁自問：「如果不和她行房，那要如何滿足我的性需求呢？」而太太擔憂的是：「該如何避免他發生婚外情呢？」。對這段關係而言，這些都是非常嚴重的問題，但是他們兩個卻都沒有勇氣面對，因爲他們將性事視爲伴侶關係的重心，並且看得比他們原本幸福和諧的伴侶關係還要重要。

過去幾千年來人們對性的壓抑，造成今日的伴侶普遍重視伴侶關係中的性關係，並且高估它的重要性。由於我們的社會對性一向抱持相當負面的價值觀，使得大家在無意中過於看重所有與性相關的事物，人們貶低性行爲，卻反而使性產生一種特殊的吸引力，若性從未被視爲一種禁忌，這種現象是不可能發生的。

性衝動被視爲禁忌，激情遭到咒罵，慾望更是種原罪，但是人們卻無法擺脫對性的好奇與遐想，因此性行爲只能隱密地進行。性被蒙上一層神祕的面紗，同時也增添了些許浪

漫的色彩，因爲「事物一旦被禁止，它的重要性反而更加提升。」註一四一

在現代社會，性已經擺脫了歷史的詛咒，相反地，這幾十年來，性更成爲專家研究的對象，不但被抽絲剝繭地加以分析，性愛技巧更是蓬勃發展。我們每天都接觸到各式各樣關於性的題材，在街頭的海報、報章雜誌、電視電影和廣告中俯拾皆是，二十一世紀是個性知識爆炸的時代，伴侶逐漸被淹沒在性愛宣傳的洪流中。

君特．史密特說道，人類的需求已經被扭曲了：「這種扭曲的需求在某個啤酒海報上一覽無遺：一瓶剛開的啤酒下寫著一段廣告詞：『我該怎麼止渴呢？』而不是『我該喝什麼啤酒呢？』」註一四二

現在我們可以把這個例子運用在性事上：一個男人色瞇瞇地望著身著薄紗睡衣的老婆，但是心裡卻盤算著：「我該如何來滿足性慾呢？」而他的老婆也有一樣的想法。過去人們心中充滿著由私密與禁忌所激發的衝動，現代人卻因性資訊的氾濫而逐漸喪失慾望。

「充斥著性宣傳的時代洪流，日漸沖淡我們的慾望，過去禁慾主義者夢想的世界似乎實現了。我們在性的汪洋中漂流，但卻不再有那些我們以前稱之爲性慾的感官刺激了。」註一四三

在過去，性對人們而言是非常特別、具有危險性、深不可測而且是不自覺的行爲，人們爲此付出慘痛的代價，受盡迫害、懲罰和唾棄，但這一切更加深了性的誘惑力。今日，性已經不再是危險的，人們不但充分了解性，更習以爲常了，但是它依然是人們追求、渴望的目標，而且依舊是伴侶關係中不可或缺的要角。

所以現代的伴侶處在一種雙重標準的矛盾中，人們不時強調性的重要性，但另一方面，卻又因爲過度氾濫而失去昔日的魅力，眾人在歌頌性愛的神奇和價值的同時，我們的行爲卻使性的誘惑盡失，結果就會變成以下的情形：

「三十年前的伴侶抱怨性慾過剩，不知要如何排解；今日的伴侶抱怨的卻是性趣缺缺或是性愛過於乏味，人們缺乏的是性慾，而不是滿足慾望的管道。」註一四四

性已經失去了神祕的魅力，這是不可避免的時代潮流。儘管我們的理智認爲我們想要，或是應該要，但是在潛意識中卻早已不感興趣，當伴侶關係中的激情逐漸消失時，我們的理智以及心理醫師就會提醒我們，必須努力經營才能挽回逝去的性愛。

這是一場理智與情感、理想與現實的對抗，伴侶唯有自欺欺人才能全身而退，因爲性關係和諧與否變成是衡量伴侶關係的標準，這時伴侶的謊言就可以發揮功用了。因爲，既然伴侶無法達到理想關係的所有標準——渴望對方、互相滿足性需求、保持忠貞、天長地

久，但至少他們可以營造出一種假象，來保護他們的關係。

慾望不滅的謊言

假使你對伴侶逐漸失去興趣，你絕對不能承認，因爲這違背理想的關係，可能會導致伴侶的關係結束，因爲大家都說，沒有性關係的伴侶關係不是眞正的伴侶之愛或完整的愛，唯有完整的愛才是眾人夢寐以求的！

所以對伴侶的渴望絕對不能消失，而且大家也都不惜任何代價要將它維持下去，就像下面這位三十五歲男士的現身說法：「起初我們的性生活很美滿也很頻繁，當時我還非常迷戀她，但是對她的渴望卻慢慢開始走下坡，最後，我對她終於完全沒有興趣了。但是，她還是希望被渴望，儘管她對我也不感興趣了。她和我過去的伴侶不一樣，她並沒有指責我，但卻深深爲此所苦，她哭著告訴我，她是多麼懷念過去，而且多麼需要這一切。我也很不好受，深深自責，之後我又繼續和她做愛，但只是敷衍了事，而且次數越來越少，到後來我甚至覺得自己像牛郎一樣。有一次我們又再度享有美好的性愛，隔天早上她問我：『我們昨夜有做愛嗎？』，她竟然已經忘得一乾二淨，原來她對此還是不滿足，我覺得實在太過分了，便和她分手了。」

他之所以結束這段關係，並不是因爲他的伴侶忘了他們前一夜的溫存，而是因爲他終於認清了，他自欺欺人的謊言根本毫無意義，因爲他努力證明對她的慾望，並沒有帶給他期望中的安寧與和諧，他所作的一切只是枉然罷了。

這場衝突背後的心理因素顯而易見：她希望被渴望，所以要求他證明他的愛情。他努力表達他的渴望，因爲大家都誤以爲這是伴侶應盡的義務，也是愛情的證明，唯有如此才是理想的關係，而且這段關係才是「正常的」。其實，只要婚姻諮詢能適時伸出援手，給予伴侶一些支持，糾正他們錯誤的理想伴侶觀念，就能幫助他們走出困境。但是婚姻諮詢的做法卻恰恰相反，他們只是一味地鼓勵伴侶繼續維持慾望，並且指點伴侶如何重拾慾望或是增進慾望。

「性愛與渴望即是愛的證明」，這種觀念是伴侶關係性愛化所產生的結果，同時也是一種伴侶謊言。不只是男性，女性也會自欺欺人，本章節一開始所提到的案例，那位太太明明缺乏性趣，但還是同意和先生行房，因爲她不想讓先生遭到挫折。但是她之所以這麼做並不是「體諒先生」，而是因爲害怕先生會因此離開她，說穿了就是爲了留住先生，維持兩人的關係。事實上，她對先生根本沒有慾望，所以這也是一種伴侶謊言。

所以伴侶要維持長期關係中的性慾是非常困難的，因爲，在兩個人共同生活了幾年，做了幾百次或幾千次之後，還能有什麼特別的承諾呢？何處還能源源不斷地湧出慾望之泉呢？以此推斷，大概只有所謂的「性變態」才比較能維持不滅的慾望，因爲他們就是深受強烈的慾望所折磨，因爲他們將生理上的衝突隱藏在強烈的性需求下，藏在皮革、橡膠和鞭子之下。

和諧的伴侶關係中，如果激情逐漸消退了，伴侶只能逃避現實，自欺欺人，因爲他們唯恐會失去對方或讓對方失望。

謊言與挫敗

在現代社會中，女性假裝性高潮，男性想盡辦法證明自己的性能力，以及各式各樣欺瞞對方的伎倆，實在不勝枚舉。伴侶已經被伴侶關係中的性義務壓得喘不過氣來了。

他們很難開得了口說：「我覺得，我沒有必要滿足你的性需求」，或是承認，只爲了繼續維持伴侶關係才做愛，因爲這樣可能會破壞了他們的關係。有人可能會立刻反駁：「如果缺少了性關係，那伴侶關係還有什麼用處呢？」

你絕對不能拒絕對方，因爲理想關係的標準是很高的，人人都身負完成性義務的使命感，否則心中會充滿恐懼與罪惡感：「小心喔，你必須努力不懈才行，否則另一半可是會離你而去的。」

漢堡的性學家貝蒂娜・辛瑪特（Bettina・Ziemert）明確指出伴侶關係的內在衝突：

「大部份的伴侶都將一夫一妻視爲他們的目標，而且是不變的準則，當然這就變成是一種束縛，激情也就越來越難維持。我們不想承受這種壓力，慾望才是我們想要的。」註一四五

但是，慾望不會自己從天上掉下來，伴侶爲了防範未然，只好製造假象，在這種情況下，伴侶的謊言自然是維持關係的最好方法。因此，這種謊言好像也有其意義與實際功用。

歷史上有個非常有趣的小插曲，我也將它歸類爲伴侶的謊言，在十七世紀末時，當時的專家學者相信，婦女第一次受孕時，丈夫的精子會在她的體內產生化學變化，這種變化會影響到她將來的胎兒註一四六，換句話說，基本上，將來她產下的孩子都是第一位丈夫的。日後若是她懷了別人的孩子，她可以引述這個理論來安撫吃醋的丈夫，無論如何，孩子都是他的。所以專家錯誤的理論和婦女的欺騙，還有助於維持婚姻的和諧呢，縱使有不

忠的行爲，婚姻依然能維持下去。

現代的伴侶謊言的功能和過去一樣，而且大家好像還都相當理直氣壯地撒謊。你有沒有去喝花酒？沒有！你有沒有金屋藏嬌？沒有！你有沒有偷腥？沒有！你曾經有過外遇的念頭？沒有！你性幻想的對象是誰？當然是你啊！

這類的伴侶謊言每天都在上演，其主要功用就是鞏固兩人的關係，因此，在大部分的外遇事件中，危及伴侶關係的並不是婚外情這件事，而是伴侶自己承認外遇，或在事情東窗事發後，一夜情也是如此，眞正破壞伴侶關係的，其實是因不忠而受到的良心譴責，以及事機敗露後，擔心伴侶會離自己而去的恐懼感。

自古以來，伴侶的謊言一向能爲人們創造內在與外在的自由，還能穩定伴侶關係，如果沒有伴侶的謊言，許多婚姻和伴侶關係恐怕早已結束，因此保有各人的秘密、幻想與愛好，絕對有益於伴侶關係。

儘管如此，我們應該認清謊言與伴侶關係之間的弔詭：謊言保護了伴侶關係，而正因爲我們背叛了伴侶關係的理想，才使得關係得以維持，伴侶的謊言也因此成爲婚姻的支柱，伴侶不可以沒有它，因爲他們所追求的理想目標，根本就無法實現。所以愛情謊言中最常見的就是伴侶的謊言，這情形還會一直維持下去，直到有一天，人們終於能夠放手，任由伴侶關係的偉大理想壽終正寢。

伴侶的謊言當然也有缺點，一旦謊言被揭穿了，自然會造成伴侶間的衝突、隔閡與危機。如果你在這種情況下依舊堅持伴侶關係的理想，如果你還在汲汲經營伴侶關係以實現那些偉大的目標，並堅持到最後一秒鐘，你終會發現，這種理想即將毀滅你的伴侶關係，而且你還會把責任歸咎於伴侶或自己身上，而不是那個不切實際的理想。

充滿矛盾的時代

我們已經介紹完五種愛情謊言，說明了伴侶關係和性關係在歷史上的演進與互動，並且也探討了不同的觀點和批判，現在我們來爲愛情謊言作個總結。

我們對性有以下的認知：

◆性雖受到歷史和社會發展的影響，但是它並不是僵化的，反而會隨著環境而調適，韌性極強。

◆性遭到宗教界的壓抑、禁止和咒罵，並被視爲一種原罪，但同時卻被伴侶奉爲救贖。

◆性總是被利用來爲家庭、國家與個人的利益服務。

◆性在歷史上的任何時期，都是一種可以交易的貨物。

◆性行爲有各種形式，例如異性戀與同性戀。

◆在以利益爲基礎的婚姻中，性是一種傳宗接代的工具。

◆過去的道德觀將縱慾享樂的性活動排除在婚姻之外，後來卻將它局限在婚姻中。

◆現代的專家已經揭開性的神秘面紗。

◆性除了單純的慾望之外，也能反映一個人心理狀態，更可以表現出個人內在與伴侶之間的衝突。

◆性反映出社會、伴侶和個人的內心世界。

◆今日，性是評斷伴侶關係美滿與否的標準，但另一方面，性又因爲過度氾濫而喪失其神祕的魅力。

◆現代社會普遍存在著一種「只要努力，就能實現理想的伴侶關係」的迷思，而且伴侶關係已經被性愛化和病態化了。

看完上述的概論，我們可以得知：事實上伴侶之間並沒有所謂「正常的」性關係，也沒有專爲固定伴侶量身打造的性關係，甚至也沒有理所當然的性關係，當然更沒有理所當然的伴侶性關係了。

在性的世界中，沒有固定的遊戲規則，也沒有責任與義務的存在。關於「性關係和伴侶關係」的難題，從來沒有人能夠提出一個放諸四海皆準的解決之道，而未來也不會出現。所謂的解決之道，只是一種意識形態或伴侶的理想，是假象與幻覺，更是一種愛情的謊言。

現代的男女不需要爲生計而結合，他們可以隨心所欲自由選擇，當然大部份都是爲愛而結合。他們可以自己選擇對象，自己決定是否要建立關係，要建立哪種關係？今日，民主也落實在兩性關係中，人人都有選擇的自由。

「人人都有選擇的自由」，這是個好消息，但同時也是個壞消息，因爲他們缺乏外界的援助，每個人都必須自立自強，不受專家和世俗規範的約束，自己做出抉擇，並建立一套屬於自己的理想和意識形態。滿意，是伴侶關係的唯一標準，但是，在什麼條件下伴侶雙方都會感到滿意，這就必須靠伴侶自己去發掘，並將它融入自己的伴侶關係之中。

伴侶雙方必須透過協商，才能找到最適合他們自己的形式與規則，然後以協商的結論爲準，共同解決問題。換句話說，就是雙方共同制定一份屬於他們兩人的合約，自古以來就是如此，只是這份合約過去是由國家、教會或家庭事先寫好了，今日的伴侶卻可以自由地約定合約的各個條款。

在矛盾中自我調適

現代人一方面渴望固定的關係，另一方面卻又渴望狂野不羈的性關係；所謂正常的伴侶關係並不存在，但我們仍必須滿足自我的需求；伴侶能以民主的方式協商，但又得訂出自己的規則。現代的伴侶關係就是如此充滿矛盾。

因此，我認爲本書最重要的結論就是，今日的兩性關係意味著：在矛盾中求生存，而這種矛盾主要源自於伴侶關係理想和現實的差距。

沒有一對伴侶能夠在這種矛盾中自在優游，因爲根本沒有一套完美的解決之道，可使終身伴侶關係和性關係永保幸福美滿。伴侶之間的矛盾永遠無法徹底解決，不管專家說得如何天花亂墜。

性衝動、慾望、性愛、情感的渴望、角色扮演、生理需求、家庭責任、救贖、個體與社會的迷思，現代的伴侶無時無刻不受這些因素牽動，在經過不斷地嘗試，跌跌撞撞，從錯誤中成長，我們才能走出屬於自己的道路。

我曾經做過一項調查，在訪問了三十對共同生活五年以上的伴侶之後，其中竟只有兩對宣稱，他們成功地處理了伴侶關係中因性生活轉變而產生的危機。伴侶到底該何去何從呢？

如果我們無法解決這種矛盾，那麼，我們只好接受這個事實，並且在其中尋求一個可行之道和一個雙方都滿意的安身之處。我認爲伴侶至少能夠做到這點，因此在本書的最後一章，我將介紹一些不同的生活方式與相處之道供伴侶們參考。

如何處理伴侶關係的矛盾

身處在伴侶關係理想和現實矛盾中的伴侶，應該先衡量個人的需求，再來選擇他們所能接受的伴侶關係。介於兩種極端之間，也就是從柏拉圖式的終身伴侶關係，到互不拘束的性伴侶關係之間，我們可以發現許多不同形式的伴侶關係，但是，儘管你們做出抉擇，並不表示就必須永遠維持下去，而是應該隨著年齡的增長與心境的不同而適度調整。

因此，以下的方法僅供讀者參考，它們並不是絕對的解決之道，同時，對於每種不同的生活方式，我也不預做任何價值判斷，讀者須自我評斷這些伴侶關係或性關係中不同的行爲模式，它沒有所謂的對錯、也無關道德或禮教，更不是療法或學習指南，當然也不是供讀者模仿的建議。

我所提出的是目前既有的一些生活形式，這些都是伴侶隨興創造出的生活方式，完全不受專家的要求或意識形態的影響，其中包括：

——柏拉圖式的終身伴侶關係
——短暫的伴侶關係
——保持距離的伴侶關係
——性伴侶關係
——偶爾有計畫的偷腥
——婚姻和婚外情
——組織性的伴侶交換
——自慰
——性交易

獨佔的終身伴侶關係

現實生活中的確存在著那種同甘苦、共患難的伴侶，兩人眞心相愛、互相扶持、互相珍惜，這種伴侶關係一向獲得社會的高度肯定，縱然伴侶在性生活上不見得能獲得滿足，卻依舊無損其價值。

如果伴侶雙方重視的是彼此的關係和忠貞，珍惜的是心靈上的聯繫，那麼，他們通常會爲此放棄性愛和激情，至少會放棄激情的性愛。柏拉圖式的伴侶關係不失爲一個好的選擇，儘管禁慾絕非易事。如果伴侶不願在伴侶關係中不擇手段地獲得性滿足，他們就可以避免伴侶關係中一些不必要的衝突。他們安於現狀，也因此讓伴侶關係得以長存。

我們常聽到這類的伴侶說：「我們的關係不是建立在性的基礎上，我們不是爲了性才在一起的。」此外，他們也都贊同這種說法：「我們終於擺脫性事的困擾了，從此以後，我們的相處融洽多了。」

如果伴侶雙方都能放棄性生活，這也是個可行的辦法，他們毋需愧疚，儘管世人歌頌的是美滿和諧的性生活。

基本上，獨佔性的終身伴侶關係不需要刻意做出什麼協議，它的遊戲規則顯而易見：

我們彼此相屬並忠於彼此以維持我們的關係，我們絕對不允許出軌，不忠的行爲通常是結束婚姻的導火線。

短暫的伴侶關係

許多伴侶無法放棄或是不願放棄激情的性關係，所以，一旦性關係不存在了，伴侶關係也隨之結束。這類的伴侶常說：「我們可以接受伴侶關係，但是絕對不能沒有性關係。」或是「沒有性關係，伴侶關係是不可能持久的。」

畢竟現代的伴侶沒有必要忍受禁慾的煎熬，由於社會道德和法律的開放，現代的伴侶關係無法維持長久，人們頻頻更換伴侶的情況，也日漸普遍。儘管沒有人讚揚或鼓勵這種伴侶關係，但是，不可否認的，它的確可以幫助某些人從不幸的婚姻解脫出來，許多伴侶堅持「寧爲玉碎，不爲瓦全」，他們不能容忍不忠，但也無法放棄激情。

他們的遊戲規則也相當明確，熱戀時彼此要求絕對的忠貞，一旦激情消退了，兩人也就分道揚鑣，各自追求下一段關係。或許有朝一日，他們會對此感到厭倦，不想一再經歷相同的過程，而最終還是選擇柏拉圖式的伴侶關係也不一定。

保持距離的伴侶關係

許多伴侶認爲保持適當的距離可以長保激情與性愛，他們希望藉著陌生感來增進彼此肉體上的親密，因爲他們堅信：「必須先封閉自我，之後才能敞開心扉。」或是「只有在兩人分開的情況下，日後彼此的距離才能漸漸縮短。」

終身伴侶要保持距離，有幾種方式可行，從分房、各自去度假到分居。

一位結婚十四年並且對性生活「相當滿意」的女士表示，她和她先生可說是各自獨立生活，「幾乎所有的事物都是各自獨立的，各自的臥房、各自的銀行帳戶、各自的工作、各自的朋友圈，直到兩年前，我們才搬進同一棟房子裡，但仍分別住在不同樓層。」但是她先生依然有所顧慮：「住在同一個屋簷下可能會破壞我們的性生活。」

單單是要兩人協議，找出最適合彼此的方式和制定遊戲規則，這整個過程就會使兩人保持一定的距離和尊重，例如，各自的臥房意味著：「我並不是招之即來，你每次都得徵求我的同意才行，我可以拒絕你，你也可以拒絕我，所以我們會珍惜我們的性生活，而不總是視爲理所當然的。」

性伴侶關係

保持距離的伴侶關係中最極端的做法，就是拒絕終身伴侶關係的束縛，僅和伴侶維持性關係。

一位女士說：「沒有伴侶，我一樣可以獨立生活，可是我不想因此放棄激情的性關係，我寧願自己一個人過日子。」

這位女士選擇了性伴侶關係，她和伴侶各自生活，一星期只見一、兩次面，頂多三次，或是一起去度假。「這段關係已經維持七年多了，我覺得很適合我，我無法忍受兩人成天膩在一起，我無法維持這種關係。」

性伴侶關係並沒有明確的遊戲規則，也無法自然形成一種默契，伴侶雙方必須達成共識，因爲，既然他們選擇的是一條不受世俗規範的路，他們就必須不斷地彼此調適，找出最適合他們的方式。

婚外情

婚外情也是建立性關係的一種管道，歷史上有太多這種例子，情婦、姬妾、情夫，無論你怎麼稱呼它，每個時代都存在著這類婚外情，這其來有自，因爲它一向都是婚姻或終身伴侶關係的支柱。

一位結婚十六年的先生，十一年前開始有婚外情，他認爲：「就是因爲婚外情，我才不會對我太太失去興趣。」我單獨諮詢他的太太時，她告訴我：「我從不過問他這方面的事。」他們兩人之間似乎早有默契，這也使得他們的性生活和婚姻得以維持下去。

婚外情的維持並不容易，而且常會引起不少問題，所以大部份的人都會指責婚外情，但是，無論如何，婚外情還是不應該受人歧視。

一位女士談到她的情夫：「我們兩個都知道這段關係不可能天長地久，或許只能維持幾年，但是我們都很驚訝，竟然能爲對方付出這麼多，儘管這段關係僅止於性關係，但是我們都心存感激，即使分手後，這種感恩之心還一直留在我們心中。」

我們該說什麼呢？純粹的性關係？雙方各取所需？如果大家實際上的所作所爲根本和理想不相符的話，我們該如何實現我們所嚮往的長期伴侶之間「全心全意的愛」、「觸及靈魂深處、最深刻的愛」呢？。

現代社會中的婚外情已經非常普遍，我們可以假設，當伴侶發生婚外情時，另一半必須能夠克服恐懼和忌妒，對目前仍存在的長期伴侶關係也必須深具信心，否則婚外情將是一條崎嶇坎坷的不歸路。

婚外情的當事人也必須制定出他們的遊戲規則，兩人該多久見一次面？在哪裡碰面？碰面該待多久？如果處理得當，婚外情或許有助於減輕終身伴侶關係的壓力，同時，終身伴侶關係也可以幫助婚外情遠離平淡的日常生活。

外遇

大眾對外遇的看法呈現兩個極端，有人認爲外遇可以拯救婚姻，有人則是認爲會破壞婚姻，我個人則比較傾向前者。但我們可以確定的一點是，外遇通常只有在被揭發後，才會對婚姻造成影響。不可否認地，外遇在目前的社會中，已經是個非常普遍的現象了。

「大部份的夫妻都努力想保持忠貞，但是外遇卻仍然屢見不鮮：根據一項調查顯示，大約百分之五十年輕的有婦之夫表示曾經有過外遇，而有夫之婦則是百分之三十五至四十（奇博格Zilbergeld，一九九六），甚至是自認婚姻生活美滿的夫妻也不例外：其中百分之十六的女性，和百分之二十的男性坦承發生過外遇。」註一四七

《明鏡》週刊也報導：「情書寄衷曲和忠貞不渝的時代已經過去了，根據性學家的調查，四十歲以下的已婚婦女外遇的比例已經高於男性，而且大部份的外遇並不是出於浪漫

的愛情，而是追求感官的刺激，這類的外遇較不會危及婚姻。」註一四八

一位三十八歲的婦女在發生外遇後表示：「我希望，我先生能允許我有情人，這對我們雙方都有好處，因爲我還是想和我先生在一起。」

並不是所有的婚姻諮詢都認爲，唯有忠貞才能維持美滿的婚姻，不少人就曾有這種經驗：「外遇之後，夫妻又重新燃起愛的火花。」註一四九

外遇可以爲伴侶帶來感官上的變化和新鮮感，還有，因爲外遇本身隱藏著危險性，原本因爲穩定而逐漸沈寂的終身伴侶關係，會因爲外遇再度活躍起來。發生外遇的伴侶在性生活也會更加活躍，來證明自己對終身伴侶的愛，所以這些都有利於終身伴侶關係。

外遇也有一些遊戲規則：有些伴侶可以容忍外遇，只要不把事情說開。有些伴侶則是刻意安排，製造機會，例如各自去度假。當然，最好的辦法還是互相隱瞞。

不過，在愛滋病蔓延的時代，盲目的外遇也不無風險，因此，許多人還是寧願選擇其他較爲安全的性行爲方式。

組織性的伴侶交換

近幾十年來，一種組織性的性行爲（甚至是集體性行爲）悄悄地形成，換妻俱樂部就

是一例。

換妻俱樂部中，部份是純粹的私人組織，有些則有營利性質，他們透過廣告招攬會員，目的就是伴侶交換。換妻俱樂部不僅設立在大城市中，還深入鄉下，不論是住宅區或社區，都有其蹤影，所以它絕對不只是社會的少數個案。《明星》週刊報導：「在法國，換妻俱樂部的成員（四十萬）幾乎是打高爾夫球人口（二十三萬）的兩倍，一份伴侶交換報紙的主編評論道：『伴侶想要推翻通姦的謊言，他們試圖要掙脫性的枷鎖。』」註一五〇

這個方法好像眞的有效，就像漢堡的性學家辛瑪特所說，她從沒有諮詢過這類的對象，她推論，因爲這類的伴侶「對他們的性生活非常滿意」註一五一。換妻俱樂部的規定通常都極爲嚴格，會員只能成雙參加，而且伴侶可以自由選擇交換的對象，進行單獨或是集體的性行爲，這種嚴格的限制將忌妒心降到最低，所以才能實現伴侶交換。

換妻俱樂部能夠將伴侶從性義務的壓力中解放出來，所以也有利於長期伴侶關係。換妻俱樂部的成員非常明確地知道自己的目的，就像一位換妻俱樂部的會員所說：「我這麼做也是爲了我的伴侶關係。」

換妻俱樂部可以算是民間流傳的一種密宗課程，只是密宗的「層次較高」，但是兩者都有固定的規則，皆是在雙方同意下所進行的性行爲，甚至連性遊戲都非常類似。

除了換妻俱樂部外，網際網路也是伴侶交換的管道，例如許多性派對或停車場派對，就是透過網路安排的。

自慰

或許有人顧慮到組織性的性行爲在社會或健康上的風險，那麼他們可以考慮自慰的方式。

特別是邁斯特和強森這兩位性學家給予自慰很高的評價，後來甚至有些專家宣稱，如果你不能和自己做愛，那你就沒有和他人做愛的能力。儘管這種理論沒有科學證明，它還是帶給我們不少自由發揮的空間，並且使我們接受自我滿足的方式。

自慰是一種眞實且廣爲流傳的性行爲，不只單身男女採用，就連伴侶也不例外。「調查結果顯示，越來越多年輕男女（三十五歲以下）雖然擁有固定的伴侶，同時還有自慰的性行爲。」註一五二

在伴侶關係中，自慰不僅是伴侶之間性生活的替代品，它還能產生互補作用，它最大的優點就是具有廣大的自由空間，可以恣意發揮性幻想，例如你可以肆無忌憚地發洩你的暴力或變態的傾向，而且不會危及他人或影響自己的伴侶關係。

所以自慰是一種最私密的性愛方式，「只有我自己知道我的所作所爲」，而且「我可以實現內心最深處的渴望」。自慰的廣大自由空間可以解除伴侶的壓力，所以有利於伴侶關係的維持。

在現代社會中，不論是固定關係中或是固定關係之外，還有其他自慰的管道，除了以往的色情刊物和漫畫外，還有色情電話、網際網路、A片等。

在兩性平等的時代中，性行爲的所有細節都必須經過另一半的同意，但是，每個人卻都可任意制定自慰的遊戲規則，所以自慰才會日益重要。

性交易

歷史上每個時代都有妓女存在的事實，證明了宗教界所宣揚的「性行爲是傳宗接代和維繫伴侶感情的工具」，不過是個謊言罷了。

性交易最重要的目的就是追求感官的享樂，所以它一向有助於終身伴侶關係的維持，早在古希臘羅馬時期和中世紀，人們就已經知道嫖妓有益於婚姻，因爲它可以避免男人因爲「激情難耐」而拋棄妻子，傑克・羅斯歐（Jacques Rossiaud）如此形容中世紀的嫖妓行爲：

「嫖妓既沒有違背婚姻也不會破壞婚姻，在文學作品中，有時它還挽救了陷入困境的家庭。妓女是家庭的救星？無論如何，上流社會認爲如此。」註一五三

直到今日，性交易有益婚姻的功能仍然不變，所以它才會如此普遍。根據德通社報導，德國境內約四十萬人靠性交易維生，估計每年約有一千兩百五十萬馬克的營業額。最可笑的是，人們幾千年來藉以滿足感官享樂的性交易，至今依然不見容於社會。畢竟，早在中世紀時，妓女就已經有類似公會的組織，並且爲各個城邦所支持，當時的人就已經了解它的優點，而且也給予正面的評價。

現代有各式各樣的性交易供人選擇，而且不限於男性，女性也有「權」尋歡，女性可以從婦女雜誌上找到相關的資訊，從拉丁情人、各種性交易到固定伴侶等等，都有詳細的報導。

男人遠赴泰國、巴西去尋花問柳，女性則是前往非洲、多明尼加共和國，他們將性視爲一種生理需求，而且以金錢換取性服務，幾千年來都是如此。

性關係的未來

前文所介紹的並不是所有的性關係，只是其中一部份而已，尤其網路上的虛擬性愛將

來會如何發展，目前還是個未知數，因爲它具有不可限量的發展空間，讓我們拭目以待。或許未來的人類想要滿足感官的享樂，只需要進入一個小房間內，電腦全自動操控視、聽、味覺的享受，由機器人爲你服務，滿足所有的性幻想。或許未來第一個完美的機器人並不是送到工廠做工或進入家庭作家事，而是提供單身貴族床第的服務。

然而，無論伴侶選擇任何一種方式，還是無法從矛盾中解脫，因爲篤信中產階級理想的伴侶，仍在苦苦追求激情和親密關係合而爲一的伴侶關係，因而受盡折磨。而性解放的伴侶卻也因爲頻頻更換伴侶而痛苦不已，同時，他們不可避免地都在努力追求著感情上的親暱感和伴侶間的信賴感，所以也無法擺脫相同的折磨。

自從教會不再掌控人們的性關係後，人們逐漸又開始追求性愛的享樂，性不再禁錮在婚姻中，不再是「上帝爲了防止人類淫亂而賦予人類的工具」，因爲「假使已婚男子受到通姦或自慰的誘惑，如果沒有其他更好的方法，他可以利用婚姻來抗拒這些誘惑。」註一五四

現代的伴侶可以採用各種方法，只要雙方達成共識。伴侶的自由選擇雖然不能完全消除存在於伴侶關係和性關係之間的矛盾，但是他們至少可以在矛盾中取得立足之地。

無論如何，伴侶無須爲他們選擇的享樂之道而心中產生罪惡感，相反地，他們應該將

下列的觀點「唯有美滿的性關係才能建立幸福的伴侶關係，恩愛的伴侶都有和諧的性生活」註一五五視為愛情謊言，而予以駁斥。

未來人們應該以平常心看待伴侶關係，彼此尊重對方的需求，就像君特．史密斯所描述的未來：「未來性不再扮演著關鍵性的角色，性只是親密關係的一部份而已，感情上的親密和坦誠也同樣重要，即使不忠也無關緊要，其實伴侶也都非常實際的，他們知道性是有風險的。」註一五六

而法蘭克福的性學家福克瑪．西格許認為：「今日性愛不再是享樂和幸福的唯一泉源，它不再被美化成飄然的感覺，而又恢復了以往負面的名聲：性壓抑了自由、桎梏了人性。」註一五七

讀者們，不要再將性關係視為伴侶關係的必備條件，也不要再將激情消退歸咎於心理障礙，千萬不要再受到專家的謊言所蠱惑，勇敢地拒絕學者、婚姻諮詢、心理醫生和記者所推銷的浪漫理想，大膽地走出一條屬於自己的路，人生本來就夠複雜、夠刺激了。

本書要傳達給讀者的重要訊息是：「尋找屬於你和伴侶的生活方式，只要適合你們兩人，就是最佳的伴侶關係。」

對於那些指責本書傷害了婚姻和終身伴侶關係的批評，我在此提出抗議：你們才是眞

正傷害長期伴侶關係的人，而且還食古不化地將愛情謊言奉爲眞理，就是因爲你們對伴侶的要求過於嚴苛，伴侶難以達到你們的標準，才會導致許多伴侶關係的破裂。

個人的心得

本書並非婚姻指南，我只是提供一些長期關係的可能性供讀者參考，相信許多人心中都感到很疑惑：「如果我們想共度一生，而且也不想放棄性生活，那我們該怎麼辦？」我的回答是：「你們能做什麼？你們準備做什麼？你們的極限在哪？對你們而言，最重要的是什麼？」

這些問題，你無法憑空回答，唯有累積了些許經驗，歷經危機後，你才能從中領悟到問題的解答。

每段關係或愛情都有其代價，這意味著，我們必須爲此捨棄其他事物。我個人認爲，前文提到的矛盾是無解的，但是介於永恆之愛和激情之間的矛盾，一定存在著一段灰色地帶，伴侶可以自由選擇自己的方向，並且找到立足點。

我個人認爲，現代伴侶只能在矛盾中求生存，而且找不到一勞永逸的解決之道，我在和讀者、編輯和朋友討論之後發現，他們對此都非常失望，因爲每個人，包括伴侶和專家，都在尋找一種永保美滿的性關係和伴侶關係的方法。

對於不肯放棄希望的伴侶，我會給予完全不同的建議，我會嘲諷地告訴他們：是的，的確有解決之道，只要你努力不懈，全心全意經營伴侶關係和性關係，將性關係視爲一項社交活動，找到你的眞命天子，學會所有的性技巧，並且遵循專家的教誨，那麼一切就會如你所願，美夢成眞。

在此，我想再次強調：我並非反對上述的方式或是專家的建議，例如接受性治療以發掘生命中未開發的部份，或改善伴侶之間的互動，但是，伴侶不該懷有美麗的幻想，認爲這麼做就能改善伴侶關係，進而實現伴侶的理想。

我個人認爲還有一種方式可以處理這種矛盾，就是將伴侶關係視爲一個獨立的生命體，它是由伴侶兩人的潛意識所共同創造的，不會任人擺佈或統治，這就是爲什麼伴侶無法依靠個人意志操控伴侶關係。

我認爲，我們無法預料伴侶關係的發展，所以，若是它的發展不如我意，我也能坦然接受。因此，我盡量不去強求改變伴侶關係，並竭盡所能地實現我的目標、夢想和渴望，對友情也是如此，我無法改變也不願意改變它，唯有順其自然而已。

註釋

註一四一：喬治・巴思泰（Georges Bataille）《愛神的眼淚》（Die Tranen des Eros），一九九三年，第六九頁。

註一四二：君特・史密特《性關係》，第五二頁。

註一四三：馬汀・丹尼克，戲劇《性》，第一四八頁。

註一四四：君特・史密特《性關係》，第五三頁。

註一四五：訪問貝蒂娜・辛瑪特。

註一四六：莫魯斯《性的世界史》，第一八一頁。

註一四七：凱思汀・凡・希朵，摘錄自雜誌《家庭動力》一九九八年第四期，第三三八頁。

註一四八：《明鏡週刊》，一九九六年六月三日。

註一四九：歐斯納布魯克（Osnabrucker）的心理治療師依麗莎白・瑪朵芙（Elisabeth Mardorf），《漢堡早報》。

註一五〇：《明星》雜誌，一九九九年十月二十八日。

註一五一：訪問貝蒂娜・辛瑪特。

註一五二：君特．史密特《性關係》，第二七頁。

註一五三：傑克．羅斯歐（Jacques Rossiaud）《十五世紀的性關係和社會》（Sexualitat und Gesellschaft im 15. Jahrhundert），選自《慾望的面具與感性變形》，第一〇四頁。

註一五四：尚 路易．法蘭德林《古文化社會的夫妻性生活》，選自《慾望的面具與感性變形》，第一四八頁。

註一五五：引述自《布麗姬特》，一九九九年第二十期。

註一五六：君特．史密特，摘錄自《週報》（Die Woche），一九九九年十二月三十日。

註一五七：福克瑪．希格許，摘錄自《明鏡週刊》，一九九六年六月三日。

參考書目

•菲利普·亞利耶斯（Aries, Philippe）、安德烈·貝京（Andre Bejin）、米歇·福考特（Foucault, Michel）等人《慾望的面具與感性的變形》（Die Masken des Begehrens und die Metamorphosen der Sinnlichkeit），《西方的性史》（Zur Geschichte der Sexualitat im Abendland），一九八四年。

•洛尼·巴巴赫（Barbach, Lonnie）《五十種全新性體驗》（50Wege zur neuen Lust. Die Kunst, ein gluckliches Paar zu bleiben），一九九九年。

•提爾多·波維特（Bovet, Theodor）《婚姻——最大的祕密》（Die Ehe. Das Geheimnis ist gros），一九五五年。

•雷思理·柯邁隆·班德勒（Cameron-Bandler, Leslie）；米歇爾·雷柏（Lebeau, Michael）《EQ》（Die Intelligenz der Gefuhle. Grundlagen der Imperativ Self Analysis I），一九九○年。

• 馬汀・丹尼克（Dannecker, Martin）戲劇《性》（Das Drama der Sexualitat），一九九二年。

• 卡爾漢茲・戴辛納（Deschner, Karlheinz）《教會之十字架，基督教的性史》（Das Kreuz mit der Kirche. Eine Sexualgeschichte des Christentums），一九八七年

• 羅伯・強森（Johnson, Robert A.）《愛之夢，西方世界的謬誤》（Traumvorstellung der Liebe. Der Irrtum des Abendlandes），一九八七年。

• 福克・雷納（Lehnert, Volker A.）；費麗西塔・雷納（Lehnert, Felicitas）《婚姻是分手的惡因——婚姻的藝術》（Ehe der Zoff uns scheidet - die Kunst der Ehe），二〇〇〇年。

• 米歇爾・馬利（Mary, Michael）《傾聽內心的聲音》（Begegnungen mit dem Inneren Kind），一九九九年。

• 米歇爾・馬利（Mary, Michael）《迷人的兩性關係》（Faszination Beziehung），一九九九年。

• 米歇爾・馬利（Mary, Michael）《結束兩性關係的危機》（Schlus mit dem

Beziehungskrampf. Wie Frauen Nahe und Manner Freiheit in ihrer Beziehung finden konnen），二〇〇〇年。

•華特·梅爾西歐（Melchior, Walter）《年輕人的愛情入門》（ABC der Liebe fur junge Leute），一九六四年。

•馬汀·米諾（Minor, Martin）《接吻的技巧》（Kussen aber wie? Wenn die Lippen ja, sagen），一九六〇年。

•莫魯思（理察·李文生），Morus（Richard Lewinsohn）《性的世界史》（Eine Weltgeschicbte der Sexualitat），一九六五年。

•米歇爾·普列思（Plesse, Michael）；嘉布列·聖克雷（St. Clair, Gabriele）《感官之火，心中之光》（Feuer der Sinnlichkeit. Licht des Herzens. Tantrische Selbsterfahrung fur einzelne Paare），一九九二年。

•魯道夫·桑德斯（Sanders, Rudolf）《共同打造美滿的婚姻》（Zwei sind ihres Gluckes Scbmied. Ein Selbsthilfeprogramm fur Paare），一九九八年。

•何勒·先克（Schenk, Herrad）《自由戀愛——同居》（Freie Liebe - wilde Ehe. Uber die allmahliche Auflosung der Ehe durch die Liebe），一九八八年。

- 君特・史密特（Schmidt, Gunter）《性關係》（Sexuelle Verhaltnisse. Uber das Verschwinden der Sexualmoral），一九九八年。
- 福克瑪・西格許（Sigusch, Volkmar）《神祕性》（Die Mystifikation des Sexuellen），一九八四年。
- 福克瑪・西格許（Sigusch, Volkmar）《慾望與愛情》（Vom Trieb und Von der Liebe）一九八四年。
- 羅賓・史凱納（Skynner, Robin）、約翰・克理斯（Cleese, John）《如何建立美滿的家庭》（Familie sein dagegen sehr），一九八八年
- 羅絲瑪利・偉特・恩德琳（Welter-Enderlin, Rosemarie）《伴侶的激情與無聊》（Paare – Leidenschaft und lange Weile. Frauen und Manner in Zeiten des Ubergangs），一九九九年。

New Way 11

情與慾

Fünf Lügen,die Liebe betreffend

作　　者　米歐爾・馬利 Michael Mary
譯　　者　黃欣儀
總 編 輯　林淑真
主　　編　廖淑鈴
編　　輯　潘慧嫺
內頁設計　李雅富
出 版 者　匡邦文化事業有限公司
聯絡地址　116台北市羅斯福路四段200號9樓之15
E-Mail　dragon.pc2001@msa.hinet.net
網　　址　www.morning-star.com.tw
電　　話　(02)29312270、(02)29312311
傳　　真　(02)29306639
法律顧問　甘龍強律師
初版日期　2003年5月第一印行
總 經 銷　知己實業股份有限公司
郵政劃撥　15060393
台北公司　106台北市羅斯福路二段79號4樓之9
電　　話　(02) 23672044、(02) 23672047
傳　　真　(02) 23635741
台中公司　407 台中市工業區30路1號
電　　話　(04) 23595819
傳　　真　(04) 23595493
定　　價　新台幣220元

Printed in Taiwan

國家圖書館出版品預行編目資料

情與慾／米歐爾・馬利著,黃欣儀譯——第一版,——台北市
：匡邦文化,2003〔民92〕面： 公分——（New Way；11）
參考書目：面
譯自：Fünf Lügen,die Liebe betreffend
ISBN:957-455-424-4 （平裝）
1.兩性關係　2.性
544.7　92005900

讀者回函卡

您寶貴的意見是我們進步的原動力！

購買書名：情與慾

姓　　名：

性　　別：□女　□男　　年齡：　　歲

聯絡地址：

E-Mail：

學　　歷：□國中以下　□高中　□專科學院　□大學　□研究所以上

職　　業：□學生　□教師　□家庭主婦　□SOHO族
□服務業　□製造業　□醫藥護理　□軍警
□資訊業　□銷售業務　□公務員　□金融業
□大眾傳播　□自由業　□其他

從何處得知本書消息：□書店□報紙廣告□朋友介紹　□電台推薦
□雜誌廣告□廣播□其他

你喜歡的書籍類型（可複選）：□心理學　□哲學　□宗教　□流行趨勢
□醫學保健　□財經企管　□傳記
□文學　□散文　□小說　□兩性
□親子　□休閒旅遊　□勵志
□其他

您對本書的評價？（請填代號：1.非常滿意 2.滿意 3.普通 4.有待改進）

書名______　封面設計______　版面編排______內容______　文／譯筆______

讀完本書後，你覺得：

□很有收穫　□有收穫　□收穫不多　□沒收穫

你會介紹本書給你的朋友嗎？　□會　□不會　□沒意見

廣告回信
台灣北區郵政管理局登記證
北台字第 16079 號

116 台北市羅斯福路四段200號 9樓之15

匡邦文化事業有限公司 編輯部 收

地址：______縣／市 ______鄉／鎮／市／區______路／街
______段______巷______弄______號______樓

讀 者 回 函 卡

您寶貴的意見是我們進步的原動力！

購買書名：情與慾

姓　　名：

性　　別：□女　□男　　年齡：　　歲

聯絡地址：

E-Mail：

學　　歷：□國中以下 □高中 □專科學院 □大學 □研究所以上

職　　業：□學生　□教師　□家庭主婦　□ SOHO 族

□服務業　□製造業　□醫藥護理　□軍警

□資訊業　□銷售業務□公務員　□金融業

□大眾傳播　□自由業　□其他

從何處得知本書消息：□書店□報紙廣告□朋友介紹　□電台推薦

□ 雜誌廣告□廣播□其他

你喜歡的書籍類型（可複選）：□心理學 □哲學 □宗教 □流行趨勢

□醫學保健 □財經企管 □傳記

□文學 □散文 □小說 □兩性

□親子 □休閒旅遊 □勵志

□其他

您對本書的評價？（請填代號：1.非常滿意 2.滿意 3.普通 4.有待改進）

書名_________　封面設計_________　版面編排_________內容　_________　文／譯筆_________

讀完本書後，你覺得：

□很有收穫　□有收穫　□收穫不多　□沒收穫

你會介紹本書給你的朋友嗎？　□會　□不會　□沒意見

廣告回信
台灣北區郵政管理局登記證
北台字第 16079 號

116 台北市羅斯福路四段200號 9樓之15

匯邦文化事業有限公司 編輯部 收

地址：______縣／市 ______鄉／鎮／市／區______路／街
______段______巷______弄______號______樓